KB161588

진짜
미국식 영어
표현

진짜 미국식 영어표현

초판 1쇄 발행 2021년 4월 30일
초판 5쇄 발행 2024년 5월 15일

지은이 김유현
발행인 김태웅
기획 편집 이지혜
디자인 고희선
마케팅 총괄 김철영
제작 현대순

발행처 (주)동양북스
등록 제 2014-000055호
주소 서울시 마포구 동교로22길 14 (04030)
구입 문의 전화 (02) 337-1737 팩스 (02) 334-6624
내용 문의 이메일 dybooks2@gmail.com

ISBN 979-11-5768-693-3 13740

진짜 미국식 영어 표현

REAL LIFE ENGLISH & USEFUL EXPRESSIONS

김유현 지음

동양북스

영어를 가르친 지도 벌써 10년이 다 되어 가네요. 처음에 '나는 한국어도 잘하고 영어도 한국어보다 편할 정도로 능숙하니 당연히 잘 가르칠 거야.'라는 생각으로 무턱대고 영어를 가르치는 일에 도전했습니다. 하지만 얼마 안 돼 이것이 얼마나 어리석은 생각이었는지 깨달았죠. 언어를 '잘하는 것'과 '잘 가르치는 것'은 달라도 너무 달랐고 '내가 생각하는 옳은 영어'와 '학생들이 필요하고 원하는 영어'의 차이(gap)도 상당하다는 것을 알게 되었습니다.

저는 머리가 좋아서, 영어공부를 남들보다 열심히 해서 영어를 잘하게 된 것이 아닙니다. 단지 운 좋게 아버지의 일로 인해 외국에서 국제학교를 다니게 되었고, 그러다 보니 어린 나이부터 자연스럽게 영어를 '습득'한 것뿐이었죠. 그래서 처음에 강사로서 제가 가장 부족하다고 생각한 부분은 '공감'이었습니다. 학생들이 한국에서 영어를 어떤 과정을 거쳐 어떤 방식으로 공부를 해 왔는지 전혀 공감할 수 없었기 때문에 어디가 가려운지, 어디가 아픈지 진단조차 잘 못하고 있었던 거죠.

저는 학생들과 공감하기 위해 공부를 했습니다. 초등학교부터 고등학교까지 영어 교과서들을 전부 구해 한국 학생들이 어떻게 영어를 학습하는지, 그 배경(background)을 공부했죠. 여기서 알게 된 중요한 사실 하나는 '10여 년을 공부했지만 왜 영어가 안 될까요?'에 대한 답(answer)이었습니다. 그 이유가 뭔지 정확하게 알게 되었죠.

대부분의 사람들이 학생 때 배운 영어는 '영어'가 아니라 '내신'이며 '수능'이었습니다. 마치 운전면허 필기시험만 10년 공부한 후 '왜 도로주행은 아직 힘들죠?'라고 묻는 것과 같은 거죠. '왜 원어민 앞에서는 떨리고 말이 안 나올까요?'라는 질문은 '도로주행에 합격하고 연습면허로 공터에서 운전 연습을 하다가 강남 한복판에서 왜 아직 떨리죠?'라는 질문과 같은 맥락입니다.

저는 이 문제의식을 제 강의와 콘텐츠의 출발점으로 삼았습니다. 분명 '필기시험'도 '도로주행'에 적용시켜야 하는 내용이니까 놓치고 갈 수 없지만, 사실은 '도로주행'의 '적용법'을 배워야 '실제 주행 시간'을 쌓을 수 있기 때문에 저는 '적용법'에 도움을 줘야겠다고 생각했습니다. 그래서 인스타그램 〈인생영어〉 페이지를 열어 학생들에게 '주행 연습'을 할 수 있는 '적용법'인 실전 영어표현을 최대한 많이 알려주었습니다. 그렇게 꾸준히 진행해 온 결과, 2년이 조금 넘은 이 시점에 감사하게도 18만 명이라는 많은 분들이 제 콘텐츠를 봐주고 있죠.

이 책은 2년간 올린 콘텐츠 중에서도 가장 반응이 좋았던 표현들만 모아서 추가 설명과 예문을 더한 결과물입니다. 부디 이 책을 구매하신 분들께 유익한 '도로주행' 연습이 됐으면 좋겠습니다.

저자 김유현

TITLE

네이티브가 진짜 사용하는 영어 표현 중 필수 표현으로 120개를 선정했습니다. 본격적으로 본문을 시작하기 전에 먼저 맛보기로 제목을 꼭 확인해 주세요.

MAIN EXPRESSION

핵심 표현에 대한 설명과 함께 실제 네이티브처럼 말할 수 있는 생생한 예문을 제공합니다. 특히 예문은 실제 대화에서 쓸 수 있도록 원어민 음성 MP3 파일을 듣고 정확한 발음으로 따라해 주세요.

TIP

핵심 표현을 좀더 네이티브처럼 말하기 위한 팁을 제시합니다. 자세한 설명과 더불어 상세한 예문까지 익히며 네이티브의 영어 표현에 더 가까워지세요.

001

Imma go now.

지금 갈 거야.

I'm going to ~(나 ~할 거야)는 회화에서 흔히 네이티브는 I'm gonna도 귀찮은지 더 짧게 때 발음은 [임마]가 아니라 [아임머] 또는

Imma grab a bite. Yo
난 뭐 좀 먹으러 갈 건데. 갈래?　*grab a bit

원래는 I'ma나 I'mma로 썼지만, 아포스트 요즘에는 일상생활에서 Imma를 더 많이 자주 사용하니 꼭 사용해 보세요!

Imma call him and a

인생팁　미래시제 will vs. be going to 알아
will은 말하는 순간 결정한 느낌이고 be going
니다. 이 차이점을 꼭 기억해주세요.
I'll do it. 내가 할게. (방금 결정한 일)
Imma meet a friend. 친구 만날 거야. (미리

20

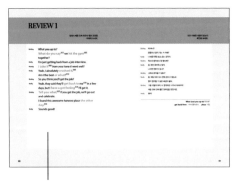

REVIEW 1

What you up to?	

REVIEW

앞에서 배운 영어 표현을 완벽하게 이해했는지 확인합니다. 해석 없이 대화문을 읽거나 원어민 음성 MP3 파일을 듣고 대화를 이해해 보세요. 그런 다음 이해한 내용이 맞는지 오른쪽 해석을 통해 확인하세요.

모든 원어민 음성 MP3 파일은 동양북스 홈페이지 (http://www.dongyangbooks.com)의 〈도서 자료실〉에서 무료로 다운로드 받으세요.

MP3 🎧 #001

(on the phone)

A What you up to?

B Nothing much. What's up?

A **You up for**⁰²⁹ a drink?

B Nah, I'm too tired.

A Come on. Just **throw something on**⁰²⁸ and come out.
Imma give you 30 minutes.
See you at Gangnam Station.

B Fine. Let me just **hit the shower**⁰⁰⁷ first.

(통화 중)

A 워 해?

B 그냥 있어. 왜?

A 한잔할래?

B 아니, 힘들어.

A 얼른, 그냥 대충 걸치고 나와.
30분 줄게. 강남역에서 보자.

B 알았어, 먼저 샤워 좀 할게.

빠르게 발음되죠. 그런데
고 할 때도 많습니다. 이
하세요.

ome?

는 것이 더 편하다 보니
군자 메시지를 보낼 때도

물어볼래.

각하고 있었던 것을 말하는 느낌입

● ● ● ●

What (are) you up to? 뭐 해? **What's up?** 잘 지내?, 무슨 일이야? **nah** 아니야(= no)

21

TALK
네이티브가 핵심 표현을 실제 상황 속에서 어떻게 말하는지 대화문으로 확인합니다. 모든 대화는 원어민 음성 MP3 파일을 들으며 따라 할 수 있고 이를 통해 실전 회화 감각도 키울 수 있습니다. 또한 대화문에 다른 페이지의 핵심 표현도 함께 싣고 색자와 번호로 표시해 두어 예습과 복습도 동시에 할 수 있어요.

VOCABULARY
핵심 표현 외에 대화문에서 꼭 배우고 넘어가야 할 단어와 표현을 정리합니다. 헷갈렸거나 몰랐던 표현 및 단어는 체크하여 암기하세요.

인생영어 덕분에 외국계
회사에서 쿨한 스몰토크
정도는 가뿐하게 해주죠.

— ****onalspacemuch

올려주시는 표현들을
모두 외우고 있습니다.
원어민들과 대화할 때
정말 도움이 많이 됩니다.
(호주 회사 재직중)

— ****jung.cho

인생영어는 한국인의
콩글리시를 쏙쏙 집어서
고쳐주며 바로 머릿속에
쏙 쉽게 입력시켜주는
보물 같은 수업입니다.

— *****_n_only_bella

사전이나 교과서에서는 볼 수 없었던
진짜 현지인이 쓰는 생활표현들…
이게 진짜 영어구나 싶었어요.

— ****_silverxx

유현쌤 강의 듣고 넷플릭스를 보는데
가르쳐주신 표현들이 정말 많이 나와서
놀랐어요!

— ****ondful

유현쌤한테 배운 영어를
캐나다 워홀에서 정말
유용히 써먹었어요.
행복한 워홀 생활을 하게
해주셔서 감사합니다!

— *****_me

워홀하면서 유용한 단어나 숙어를
자주 사용했어요. 많은 워홀러들의
영어 선생님이십니다! 감사합니다!

— ****h05

영어교육과인데 이렇게
실제로 쓰이는 영어를
배울 기회는 너무 부족해요.
인생영어를 알게 돼서
다행씨!

— *****1956

우리가 어릴 적부터 배워 왔던 건
한국식 영어였기 때문에 실제로
현지에서 잘 쓰이지 않거나 미묘한
뉘앙스 차이로 원하고자 하는 바를
제대로 전달하지 못하는 경우가 많다.
인생영어는 이러한 한국식 영어를
바로잡아주고 실생활에 유용한
표현들을 쉽고 재미있게 익힐 수
있게 해준다. 인생영어를 알고 난 후
영화, 드라마를 보면 그 뜻이
온전히 이해되고 어느새 향상된
영어 실력도 마주하게 될 것이다.

— **인

차례

CHAPTER 1   매일 쓸 수 있는 네이티브 필수 표현

CHAPTER 2 네이티브에 가까워질 수 있는 인생 표현

CHAPTER 3   알아들을 수 있어야 하는 미드·영화 단골 표현

영어는 명사 중심의 언어다

문장 대부분이 동사 중심인 한국어와는 달리 영어는 '명사 중심'입니다. 이 사실이 한국어와 영어가 가장 크게 다른 점이면서 많은 학생들이 낯설어하고 익숙해지기 어려워하는 부분이 아닐까 싶습니다.

특히 한국어를 영어로 직역하려고 할 때 그 모습이 잘 드러납니다. 예를 들어 '나는 어렸을 때 공부 잘했어.'를 말한다면, 대다수의 학생들은 I studied well when I was young.이라고 말하죠. 하지만 네이티브는 I was a good student when I was young.이라고 합니다.

계속 한국어 문장처럼 동사 중심으로 영작하려고 한다면 네이티브가 말하는 문장과 다를 겁니다. 네이티브는 '몇 시로 예약했어?'를 What time is our reservation?이라고, '어제 많이 못잤어.'를 I didn't get much sleep last night.라고, '(친구에게) 맥주 한 잔 더 마실래?'를 Do you want another beer?라고 말할 테니까요.

그렇다고 한국 학생들이 동사로 직역한 문장들이 전부 문법적으로 틀린 건 아닙니다. 대부분 뜻은 통하죠. 하지만 네이티브처럼 자연스러운 영어를 구사하고 싶다면 명사로 표현하는 방식을 익히는 연습이 필요합니다.

영어는 덩어리 언어다

문장에 모르는 단어가 하나도 없는데, 들리지도 않고 심지어 해석도 안 되는 경우가 있지 않나요? 한국어는 단어 단위로 의미가 부여된다면 영어는 단어들의 조합으로 의미가 부여되는 '덩어리' 언어입니다.

예를 들면 동사구 break up에서 동사 break와 전치사 up을 둘 다 안다고 해도 break up(이별하다)의 의미를 알아챌 수는 없죠. 또 if anything이라는 표현도 if(만약)와 anything(아무거나) 모두 어렵지 않은 단어지만 그 뜻은 '만약 아무거나'라는 의미가 아니죠. If anything은 '오히려'로 해석됩니다. 친구가 '야, 춥지 않냐?'라고 물었을 때 What? If anything, it's hot in here.(응? 이 안은 오히려 더운데?)라고 대답할 때 쓰면 딱 맞는 표현이지요.

이런 식으로 동사구, 패턴, 그리고 종종 통문장까지 영어는 '덩어리' 단위로 묶여 있으므로 덩어리로 듣고 해석하고 말할 수 있어야 합니다. 문장에 단어가 11개가 있다면 모두 귀로 듣고 머릿속에서 정리해 해석하는 것이 아니라 단어가 중간 중간 정확하게 안 들리더라도 머리로는 덩어리로 인식이 되어야 합니다. 또한 말할 때도 단어 11개를 조합해서 말하기보다 덩어리 서너 개를 조합해 말할 수 있어야 하죠.

여기서 인생 팁 하나! 한국어에서도 '그게 말이야, 그나저나, 그러면 말이야, 그건 그렇고'처럼 문장과 문장을 자연스럽게 이어주는 덩어리 표현들을 자주 쓰는데요. 이런 표현을 filler phrase라고 합니다. 진정한 네이티브의 영어를 하고 싶은 사람이라면 영어 문화권에서 많이 사용되는 filler phrase를 익히는 것이 매우 중요합니다. 왜냐하면 습관적으로 쓰는 말이기 때문에 자주 들리고 말하기 때문이죠. 저는 이 책을 통해서 여러분에게 tell you what, the thing is 등 많은 filler phrase들을 소개해 드릴게요.

영어는 뉘앙스의 언어다

 '기대하다'를 들으면 어떤 영어표현이 떠오르세요? can't wait, look forward, expect인가요? 이 영어표현들은 모두 한국어로 '기대하다'라고 외우지만 사실은 그 뉘앙스가 달라 쓰임새도 다릅니다.

can't wait는 감정이 듬뿍 담긴 표현입니다. 그래서 기대감에 벅차서 신나 있는 감정이 드러나죠. 예를 들어 '크리스마스가 난 너무 기대돼'라는 말은 I can't wait for Christmas!라고 하죠.
look forward는 감정 없이 사실만 전달하는 표현입니다. 예를 들어 비즈니스 상황에서 '조만간 만나길 기대한다'라는 말을 할 때 I look forward to seeing you.라고 하죠. 비즈니스 상황에서 '만남이 기대돼요! 신나요!'라고 하면 안 되니까 감정을 빼고 사실만 전달하는 거죠.
expect는 예상되는 것을 기대하는 표현입니다. 예를 들어 일기예보에서 '내일은 화창한 날씨가 기대됩니다.'는 '내일은 화창한 날씨가 예상됩니다.'로 바꿀 수 있기 때문에 expect를 사용할 수 있죠. 하지만 '크리스마스가 기대돼!' 같은 경우에는 '크리스마스가 예상돼!'라고 할 수 없기 때문에 expect를 사용할 수 없습니다. 그 뉘앙스가 다른 거죠.

이와 같이 영어는 뉘앙스에 따라 표현이 바뀌는 언어이기 때문에 영어표현과 한국어 뜻을 A=B로 외우면 안 됩니다. 뜻과 함께 정확한 뉘앙스를 파악하고 있어야 하죠. 그래서 이 책에는 영어표현을 여러 대화문에 반복 등장시켜 그 표현들이 어떤 상황에서 어떤 뉘앙스를 갖는지 알 수 있게 구성했습니다. 그러니 책장을 앞뒤로 왔다 갔다 하며 확실한 뉘앙스 파악에 신경 써 보세요!

CHAPTER

1

매일 쓸 수 있는 네이티브 필수 표현

Imma
go
now.
지금 갈 거야.

I'm going to ~(나 ~할 거야)는 회화에서 흔히 I'm gonna로 빠르게 발음되죠. 그런데 네이티브는 I'm gonna도 귀찮은지 더 짧게 줄여서 Imma라고 할 때도 많습니다. 이 때 발음은 [임마]가 아니라 [아임머] 또는 [암머]이니 주의하세요.

Imma grab a bite. You wanna come?
난 뭐 좀 먹으러 갈 건데. 갈래? 　* grab a bite (간단히) 먹다

원래는 I'ma나 I'mma로 썼지만, 아포스트로피(')를 빼고 쓰는 것이 더 편하다 보니 요즘에는 일상생활에서 Imma를 더 많이 쓴답니다. 특히 문자 메시지를 보낼 때도 자주 사용하니 꼭 사용해 보세요!

Imma call him and ask.　개한테 전화해서 물어볼래.

인생팁 미래시제 will *vs.* be going to 뉘앙스 알아보기
will은 말하는 순간 결정한 느낌이고 be going to는 어느 정도 미리 생각하고 있던 것을 말하는 느낌입니다. 이 차이점을 꼭 기억해주세요.
I'll do it. 내가 할게. (방금 결정한 일)
Imma meet a friend. 친구 만날 거야. (미리 정해진 일)

MP3 🎧 #001

(on the phone)

A What you up to?

B Nothing much. What's up?

A **You up for⁰²⁹** a drink?

B Nah, I'm too tired.

A Come on. Just **throw something on⁰²⁸** and come out. Imma give you 30 minutes. See you at Gangnam Station.

B Fine. Let me just **hit the shower⁰⁰⁷** first.

(통화 중)

A 뭐 해?

B 그냥 있어. 왜?

A 한잔할래?

B 아니, 힘들어.

A 얼른. 그냥 대충 걸치고 나와. 30분 줄게. 강남역에서 보자.

B 알았어. 먼저 샤워 좀 할게.

● ● ● ●

What (are) you up to? 뭐 해? **What's up?** 잘 지내?, 무슨 일이야? **nah** 아니야(=no)

21

I gotta go.

난 가야겠다.

'~해야 돼, ~해야겠다'라고 말할 때 네이티브는 회화에서 I gotta ~로 말해요. I gotta 는 I have got to의 줄임말로 have는 흔히 생략하고 말합니다. 그리고 I gotta 다음에 는 동사원형이 나오죠.

I gotta wake up early tomorrow.
나 내일 일찍 일어나야 돼.

많은 분들이 잘못 알고 있는 조동사 should를 바로잡고 가겠습니다. '~해야 돼' 하면 should를 떠올리는 분들이 많은데요. 실제 회화에서 should는 '~해야 돼'라는 의무를 나타내기보다 '~하는 게 좋다'라는 충고나 추천의 뉘앙스로 더 많이 쓰입니다.

You should try this.
이건 꼭 해봐야/먹어봐야 돼. (이걸 해보는/먹어보는 것이 좋아.)

인생팁 조동사 should *vs.* had better 뉘앙스 알아보기
should와 had better는 둘 다 '~하는 게 좋다/낫다'로 해석되지만, should는 좋은 결과를 얻기 위해 하는 게 좋다는 의미이고 had better는 안 하면 안 좋은 결과를 얻기 때문에 하는 게 좋다는 의미예요.
You **should** take an umbrella. 우산 가져가면 비 안 맞아.
You **had better** take an umbrella. 우산 안 가져가면 비 맞아.

TALK 친구를 꼬드기는 상황

MP3 #002

A Another round?

B Nah, I gotta go. I promised my girlfriend I would be home by 10:00.

A Come on. It's only 9:30, and you promised me the other day[018] that you would stay until 12:00.

B What if my girlfriend calls me to say good night?

A We'll cross that bridge when we get there.[070]

B All right. You've talked me into[060] it. One more round!

A 한 잔 더?

B 아냐, 나 가봐야 돼.
여자친구한테 10시까지는
집에 가겠다고 약속했어.

A 에이, 아직 9시 반밖에
안 됐잖아. 그리고 네가
지난번에 12시까지 있겠다고
약속했잖아.

B 여자친구가 잘 자라고 전화하면
어떡해?

A 그건 그때 가서 생각하자.

B 알았어. 설득당했어.
한 잔 더!

round (한) 잔 **What if ~?** ~하면 (어쩌지)?

I'll leave you to it.
수고하세요.

한국인들이 영어로 말하고 싶어 하는 표현 중 하나가 '수고하세요.'인데요. 수고를 하라는 건 고생을 하라는 건데 네이티브는 이런 식으로 말하지 않아요. 이 말은 주로 어떤 일을 하다가 먼저 자리를 뜰 때 하잖아요. 이럴 경우 네이티브는 보통 '상대방이 무엇을 할 수 있게 본인은 이만 가보겠다'는 뉘앙스로 I'll leave you to it.이라고 합니다.

Then I'll leave you to it. Thank you.
그러면 수고하세요. 감사합니다.

한 가지 더! it 말고 상대방이 하고 있는 일을 명사나 동사로 구체적으로 표현하여 'I'll leave you to 명사/동사'로도 말할 수 있어요.

I'll leave you to your book. 너 책 보게 난 가볼게.
I'll leave you to talk. 대화 나눠. 난 가볼게.

인생팁 비슷한 표현 Take it easy 알아보기

헤어질 때 '수고하셨습니다.'라고 할 때도 있잖아요. 그 경우에는 Take it easy.가 가장 근접한 표현입니다. 수고했다는 말은 '(힘들었으니까) 가서 쉬세요.'라는 뉘앙스를 담고 있으니까요. 이 표현은 비즈니스 상황에서도 어느 정도 친한 사람들끼리는 쓸 수 있습니다. 단, 이사님, 회장님께는 쓰면 안 됩니다.

A See you tomorrow! 내일 봐!
B All right. **Take it easy!** 그래, 수고했어!

24

MP3 🎧 #003

A   Dennis? Wow! It's been a while, huh?

B   Olivia? What a nice surprise!

A   How have you been? Still teaching English?

B   Yeah, same old same old. What about you?

A   Same here. You know how it is. Well, I'll leave you to work but let's catch up[074] soon!

B   Sounds good! Here's my number.

A   Dennis? 왜! 진짜 오랜만이다. 그치?

B   Olivia? 반갑다!

A   어떻게 지내? 아직도 영어 가르쳐?

B   응, 늘 똑같지 뭐. 넌 어떻게 지내?

A   나도 마찬가지야. 알잖아. 그럼 수고하고 조만간 밥이나 한번 먹자!

B   좋지! 이게 내 전화번호야.

● ● ● ●

huh 응? (의문 또는 제안 등의 뒤에 상대방의 동의를 바라면서 붙임)   **same old same old** 늘 똑같다
same here 나도 마찬가지다

I made it.

나 왔어.

I made it. 하면 어떤 뜻이 떠오르나요? '내가 만들었어.' 또는 '내가 해냈어.' 아닌가요? 그런데 네이티브는 '나 도착했어.'라는 의미로도 자주 사용합니다.

I just made it home. 나 방금 집에 도착했어.

make it에는 '어느 특정 지점에 도달하다'라는 뉘앙스가 있어요. 그 지점이 추상적인 위치일 수도 있고 물리적인 위치일 수도 있답니다. 그래서 '내 분야에서 성공했다.'도 I made it!이라고 하고 '산 정상에 도달했다.'도 I made it!이라고 해요. 또한 '제시간에 도착했다.'도 I made it (on time)!이라고 하죠.

I finally made it. I'm married, successful, and happy. 난 드디어 성공했어. 결혼도 하고 성공도 하고 행복해.

We made it! Look at the view!
(산 정상에서) 우리가 해냈어! 경치 좀 봐!

Can you make it tomorrow? 내일 올 수 있어?

상당히 다양한 상황에서 make it, made it을 듣고 말할 수 있으니, 예문들을 기억했다가 꼭 사용해보세요.

MP3 #004

A I'm meeting up with Dave and Chris tomorrow. You wanna come?

B Let me **get back to you on that**.⁰¹⁹ I have to check my schedule.

(10 minutes later)

B Hey, I think I can make it tomorrow.

A Awesome! It's been a while since all of us got together. I'm **psyched**!⁰¹⁴

A 내일 Dave랑 Chris 만나는데, 너도 올래?

B 다시 연락해줄게. 스케줄 좀 봐야 할 거 같아.

(10분 뒤)

B 나 내일 갈 수 있을 거 같아.

A 잘됐다! 우리 다 같이 뭉친 지 좀 됐잖아. 신난다!

meet up (with) (약속을 해서 ~와) 만나다   **get together** 모이다, 만나다

27

I take it
보아하니

동사 take에는 많은 의미가 있죠. I take it ~을 직역하면 '나는 그것을 ~하게 받아들이겠어'라는 의미지만 '보아하니'라고 의역하는 게 자연스러워요. 네이티브는 상대방의 말투나 표정을 보고 유추해낸 내용을 전달할 때 I take it ~이라고 자주 말합니다.

I take it the interview didn't go so well.
보아하니 면접 잘 못 봤구나?

한 가지 더! 무엇을 보고 그렇게 짐작했는지 근거를 말하고 싶다면 'from 근거'를 덧붙여서 말하면 됩니다.

I take it from your face that the date went well.
표정을 보니 데이트가 아주 좋았구먼.

인생팁 **비슷한 표현 apparently 알아보기**
많은 분들이 apparently를 '명백하게'라고 외우고 있어서 회화에서 잘 사용하지 못하는 경향이 있어요. 네이티브는 회화에서 apparently를 '듣자 하니, 보아하니'의 의미로 많이 사용하니까 꼭 기억했다가 말해보세요.
Apparently, they are getting married soon. 듣자 하니 개네들 곧 결혼한다나 봐.

MP3 🎧 #005

(A is yawning.)

B **I take it** you didn't get much sleep last night?

A Yeah… I stayed up all night preparing for today's presentation. I'm a nervous wreck.

B **For what it's worth,** [067] I think you're gonna **crush it.** [006]

A Thanks. I'll try not to **screw it up.** [027]

(A가 하품을 하고 있다.)

B 보아하니 어젯밤에 잠을 많이 못 잤구나?

A 응… 오늘 프레젠테이션 준비하느라 밤샜어. 완전 긴장돼.

B 도움이 될지는 모르겠지만, 난 네가 완전 잘할 거라고 믿어.

A 고마워. 망치지 않게 노력해 봐야지.

stay up all night 밤을 꼬박 새우다   **prepare for** ~을 대비해 준비하다
nervous wreck 엄청 긴장한 상태의 사람

006

I crushed it.

완전 잘했지.

뭔가를 잘했을 때 환호하며 속된 말로 '내가 박살냈지, 끝내줬지'라고 말하곤 하죠. 네이티브도 '정말 잘했다, 끝내줬다'라는 뉘앙스로 I crushed it!(박살냈지!)이라고 말해요. 한국어처럼 crush(부수다, 박살내다)가 '잘하다, 끝내주다'라는 의미로 쓰인 거죠.

I absolutely crushed it today!
오늘 완전 박살내주고 왔지!

A **How was my song?** 내 노래 어땠어?

B **You crushed it!** 정말 끝내줬어!

인생팁 비슷한 표현 I nailed it, I killed it 알아보기
뭔가를 완벽하게 해내서 환호할 때 네이티브는 I crushed it.(박살냈지.) 말고도 I nailed it.(완전 잘했지.)과 I killed it.(죽여줬지.)도 자주 써요. 주로 과거형으로 쓴다는 점도 알아두세요.
I nailed the interview! 면접 완전 잘 봤어!
You seriously killed it! 너 정말 죽여준다!

MP3 🎧 #006

A **How did your interview go**[013] today?

B Well, I was really nervous, and I even forgot to put on a tie. but **long story short,**[046] I crushed it ! I think I got the job.

A I'm happy for you! Just **don't get your hopes up**[116] too much.

B You**'re bumming me out.**[015]

A 오늘 면접 어떻게 됐어?

B 엄청 긴장해서 넥타이 하는 것도 까먹었어. 근데 요약하자면 완전 잘 봤어! 뽑힌 거 같아.

A 잘됐다! 근데 너무 기대하지는 마.

B 기분 다운되게 왜 그래.

● ● ● ●

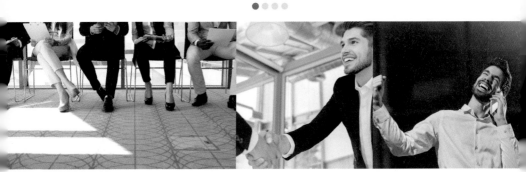

nervous 긴장된 **put on a tie** 넥타이를 하다

007

I'm gonna hit the gym.

운동 갈래.

우리도 친구들과 대화할 때 '운동 때리자', '술/커피 한잔 때리자' 이런 식으로 편하게 말하잖아요. 네이티브도 한국어와 비슷하게 'hit the 장소'라는 표현을 써요. 이때 hit은 '때리다'가 아니고 '(장소에) 무언가를 하러 가다, 하려고 하다'라는 뜻입니다.

I'm gonna hit the gym. I'll be back in one or two hours.
나 운동하러 갈게. 한두 시간이면 올 거야.

일상에서는 hit the gym(운동하러 가다), hit the mall(쇼핑하러 가다), hit the club(클럽에 가다) 등을 많이 써요.

인생팁 **'hit the 기타' 알아보기**

hit the 다음에 '장소'가 나오지 않을 때는 아래의 4가지 경우가 대부분이에요. 잘 기억해두세요.
Let's **hit the road**. We're gonna be late.   출발하자. 늦겠다.
I'm gonna **hit the hay/sack**. I'm tired.   자러 가야겠다. 피곤해. (hay 건초 sack 자루)
I have a test tomorrow. I gotta **hit the books**.   내일 시험 있어. 공부해야 돼.
I'm gonna **hit the shower**. I'm sweaty.   씻어야겠다. 땀 흘렸어.

MP3 🎧 #007

A I hate my boss so much.
I'm seriously gonna quit.

B Don't **jump the gun**.⁰⁹³
You should at least **sleep on it**.⁰⁷⁵

A He's **by far**⁰⁵³ the worst boss I've
ever had.

B **You up for**⁰²⁹ a drink?
Let's go **blow off some steam**.⁰²⁵

A Nah, I'm too tired.
Imma⁰⁰¹ **hit the sack** soon.

A 우리 상사 진짜 너무 싫어.
나 진심 그만둘 거야.

B 섣불리 행동하진 마.
최소한 하루는 고민해봐.

A 진짜 단연코 내가 겪어본 상사
중에서 최악이야.

B 술 한잔할래?
스트레스 풀러 가자.

A 아냐, 너무 피곤해.
일찍 자려고.

● ● ● ●

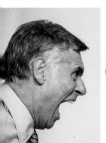

boss 상사　**worst** 최악의　**Let's go 동사원형** ～하러 가자　**nah** 아니

008

Beats me.

몰라.

Beats me.는 네이티브가 회화에서 많이 사용하는 표현으로 '몰라, 글쎄.'라는 의미예요. I don't know. 혹은 I have no idea.가 '(단순히) 모르겠다'라는 의미라면 Beats me.는 '(전혀, 아예) 모르겠다'는 뉘앙스가 있습니다.

A Do you know what time it is in New York?
뉴욕은 지금 몇 시인지 알아?

B Beats me. 몰라.

It beats me.에서 It이 생략된 표현으로 '이해가 안 가는 상황이 나를 이겼다'는 뜻이에요. 이를 의역해 '(나는 전혀) 모르겠다'로 이해하면 됩니다. 대개 It은 생략해서 쓰이고, It이 생략되어도 beat 뒤에는 s를 그대로 쓰는 것에 주의하세요.

> **인생팁** **'이기다' win vs. beat 뉘앙스 알아보기**
> '이기다' 하면 흔히 win을 떠올리지요. win은 I win!(내가 이긴다)처럼 말해도 되고, 경기나 대회를 구체적으로 언급해서 win the game(경기에서 이기다), win the match(대회에서 이기다)처럼 말할 수도 있어요. 하지만 상대를 이긴다고 할 때는 반드시 beat를 사용해야 합니다. beat(이기다)에는 '상대를 능가해서 이기다'라는 뉘앙스가 있기 때문이죠.
> I'm gonna **beat** you! 내가 널 이기고 만다!
> I can **beat** the odds. 난 할 수 있어. (가능성이 낮지만 확률을 이길 수 있어.)

MP3 🎧 #008

A Did you hear? Jenny dumped Dave.

B **That's a bummer.**[015] Do you know why?

A Beats me. I should **give her a piece of my mind.**[112]

B **For the love of God,**[094] just stay out of it! Just mind your own business.

A But she's my best friend!

A 들었어? Dave가 Jenny한테 차였대.

B 안됐네. 왜 그런지 알아?

A 글쎄다. Jenny한테 한마디 해줘야겠어.

B 제발 넌 좀 빠져! 남의 일에 신경 꺼.

A 하지만 걔는 내 베프란 말야!

● ● ● ●

dump (애인을) 차다 **stay out of** (자기와 상관 없는 일)에 관여하지 않다, 빠지다

009

The thing is
그게 말이야

The thing is…는 '아, 근데…' 혹은 '그게 말이야…' 하며 뜸들이며 말할 때 네이티브 가 자주 쓰는 표현이에요. 여기서 thing은 '문제'나 '난관'을 의미하죠. 이 표현은 일 상에서는 물론 비즈니스에서도 활용할 수 있어요.

The thing is... I need your help.
그게 말이야… 네 도움이 필요해.

The thing is와 같은 표현으로 Here's the thing도 있어요. 여기의 thing도 '문제'나 '난 관'을 뜻하죠. 두 표현은 의미가 같기 때문에 자기 말투와 비슷한 걸로 사용하세요. 참고로 Here's the thing은 뒤에 about을 붙여 구체적인 대상을 말할 수도 있어요.

Here's the thing. We only have 2 days to finish this.
그게 말이야. 우리 이거 이틀 안에 끝내야 돼.

Here's the thing about English.
영어는 말이야.

인생팁 | **filler phrase 알아보기**

The thing is와 Here's the thing처럼 의미를 전달하는 데 큰 영향을 끼치지는 않지만 문장과 문장 사이 를 자연스럽게 이어주며 말의 뉘앙스를 살리는 표현을 filler phrase라고 해요. filler phrase는 문장 앞에 붙이기만 하면 됩니다. 이런 표현들을 많이 알수록 네이티브가 쓰는 진짜 영어에 더 가까워질 수 있답니다.

MP3 🎧 #009

A I love you.

B It goes without saying that I feel the same way.

A So… we've been dating for about 2 years now.
Do you think we'll get married someday?

B Uh… babe… the thing is … it's not that I don't want to marry you.
I've just never thought about marriage in general.

A Right… I can take a hint. 058

A 사랑해.

B 나도 당연히 사랑하지.

A 그래서… 우리 이제 한 2년째 만나고 있잖아.
우리 언젠가는 결혼할 거 같아?

B 음… 자기야… 그게 말이야…
내가 자기랑 결혼을 하기 싫다는 게 아니라 그냥 결혼에 대한 생각 자체를 해본 적이 없어.

A 그렇구나… 나도 눈치는 있어.

● ● ● ● ●

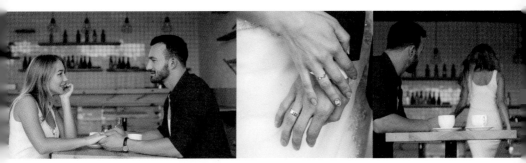

It goes without saying that ~하는 게 당연하다   **someday** (미래의) 언젠가
marry ~와 결혼하다(= get married to)

010

Tell you what

그럼 이렇게 하자

Tell you what도 네이티브가 많이 사용하는 filler phrase 중 하나입니다. Tell you what은 '그러면 이렇게 하자' 혹은 '그러면 (말이야) ~할게'라는 뜻으로, 해결책을 제안할 때 네이티브가 자주 쓰는 표현이에요.

Tell you what. I'll buy dinner, you pay for drinks.

그럼 이렇게 하자. 내가 저녁 살게, 네가 술 사.

원래는 I'll tell you what이지만 I'll을 생략하는 경우가 많아요.

(I'll) Tell you what. I'll think about it and get back to you.

그러면, 내가 좀 생각해보고 다시 연락 줄게.

인생팁 **filler phrase 더 알아보기**

By the way는 많이 들어보셨죠? 한국어로는 '그나저나' 정도로 해석되는 표현이에요. 대화의 주제를 바꿀 때 사용해보세요!

By the way, did you see the new Marvel movie? 그나저나 새로 나온 마블 영화 봤어?

MP3 #010

A I told you we should watch something else.
I told you this movie would suck.
I can't believe I let you **talk me into** [060] it.

B I'm sorry. Tell you what. Next time, we'll watch whatever you want.

A And you're gonna **pick me up**. [064]

B Okay, fine. Let's **hit the bar**! [007]

A You're also paying for drinks.

A 내가 다른 거 보자고 했지.
이 영화 재미 없을 거라고 했잖아.
내가 너한테 설득당하다니.

B 미안해. 그러면 다음에는 네가 보고 싶은 거 아무거나 보자.

A 그리고 네가 나 데리러 와.

B 알았어. 알았어. 술이나 마시러 가자!

A 술값도 네가 내.

suck (속어) 엉망이다, 형편없다   **whatever 주어 + 동사** ~하는 것은 무엇이든지

39

011

What do you say?

(네 생각은) 어때?

What do you say?를 '뭐라고 말하는 거야?'라고 오해하기 쉬운데요. '(~하는 게) 어때?'라는 뜻으로 어떤 사안이나 의견에 대해 상대방의 생각을 확인하는 질문입니다. 네이티브가 정말 자주 하는 말이니까 착각하지 않게 잘 알아두세요!

What do you say we go for a bite?
뭐 좀 먹으러 가는 게 어때?

보통 용건 앞뒤로 What do you say?를 붙여서 말하는데요. What do you say?를 앞에 언급하면 '~하는 게 어때?'로, 뒤에 언급하면 '(제안) 어때?'라고 의역하는 것이 자연스럽습니다.

You pay for dinner, and I'll pay for drinks.
What do you say? 네가 저녁 사면 내가 술 살게. 어때?

인생팁 '어때?' How about ~? vs. What do you say? 알아보기

'어때?' 하면 보통 How about ~?을 떠올릴 텐데요. 주로 간단하게 대상(명사)만 언급해서 제안하면 'How about + 명사'로 말하고, 문장을 써서 구체적으로 제안하면 What do you say?로 말합니다.

How about pasta? 파스타 어때?

What do you say we have pasta for lunch? 점심으로 파스타 먹는 거 어때?

MP3 🎧 #011

A What do you want for dinner?

B How about pasta?

A We had that the other day.[018]
What do you say we have some
Samgyeopsal today?
You can't go wrong with[087]
Samgyeopsal.

B All right, let me just throw a jacket
on.[028]

A 저녁 뭐 먹을까?

B 파스타 어때?

A 며칠 전에 먹었잖아.
오늘은 삼겹살 먹는 게 어때?
삼겹살은 항상 옳지.

B 알았어. 재킷만 좀 걸치고 올게.

let me 동사원형 내가 ～할게

012

Is this great or what?

완전 좋지 않냐?

가까운 친구들과 대화할 때 '완전 ~하지 않냐?' 하고 내 의견을 강조하거나 확인하곤 하지요. 이런 말투를 네이티브도 사용한답니다. 의문문에 or what을 붙여서 말하면 '완전 ~하지 않냐?'라는 뜻이 됩니다.

Is this great or what? 이거 완전 좋지 않냐?

같은 의미로 how 의문문 형태를 사용해도 됩니다. 둘의 뉘앙스 차이가 거의 없으니 자신의 입에 딱 붙는 표현으로 골라 쓰세요.

How great is this? 이거 완전 좋지 않냐?

'의문문 or what?'에는 형용사 혹은 명사를 쓸 수 있지만 'How 의문문?'에는 형용사만 쓸 수 있다는 점이 다릅니다.

Is he a great friend or what? 걔 완전 좋은 친구 아니냐?
How a great friend is he? (×)
→ How great is he? 걔 완전 좋지 않냐?

MP3 🎧 #012

A Yo, **how did** the job interview **go**[013] yesterday?

B I absolutely **crushed it!**[006] I think I'm gonna get the position.

A That's great, man. I knew you could do it **if you put your mind to it**.[079]

B Thanks, man. You always **believed in**[043] me.

A Yeah, am I a great friend or what?

A 야, 어제 면접 어떻게 됐어?

B 완전 찢고 왔지! 이번에 뽑힐 거 같아.

A 잘됐다. 임마. 넌 마음만 먹으면 해낼 줄 알았어.

B 고마워. 넌 항상 내가 할 수 있을 거라 믿어줬지.

A 그러게. 나 완전 좋은 친구 아니냐?

● ● ● ●

yo (속어) 야, 어이   **absolutely** 완전히

013

How did it go?

어떻게 됐어?

How did it go?는 '어떻게 됐어?'라고 일의 진행 상황이나 결과를 물어볼 때 자주 쓰는 말입니다. 서로 아는 이야기일 때는 it으로 묻고, 그렇지 않으면 구체적인 주어를 써서 물어보면 됩니다. 여기서 go는 '가다'가 아니고 '진행되다'라는 의미입니다.

How did **your interview** go? 면접 어떻게 됐어?

한 가지 더! How was it?과 헷갈리면 안 돼요! How was it?은 좋았는지 나빴는지 상대방의 의견을 묻는 질문으로 '어땠어?'라는 뜻입니다. How did it go?는 주관적인 생각이 아니라 객관적인 결과를 물어보는 거죠.

How did **the song** go?
노래 어떻게 됐어? (말이 안 됩니다. 노래에 대한 결과는 나올 게 없죠.)

≠ How was **the song**?
노래 어땠어? (노래에 대한 주관적인 의견을 묻는 거죠.)

인생팁 시제를 바꿔서 말할 수 있도록 연습해보세요!

How is the food? → How was the food?
음식 어때?   음식 어땠어?

How's your project going? → How did your project go?
네 프로젝트 어떻게 되고 있어?   네 프로젝트 어떻게 됐어?

MP3 🎧 #013

A **How was** the date?

B It was all right, but I was a bit under the weather.

A Don't **screw this up**.⁰²⁷ She's perfect for you.

B Don't worry. We're texting **even as we speak**.⁰⁹⁰

A **It's a good thing**⁰⁵⁵ I set you two up. Am I a matchmaker **or what**?⁰¹²

A 데이트 어땠어?

B 괜찮았어. 근데 내가 좀 컨디션이 별로였어.

A 망치지 마라. 걔 너한테 딱이야.

B 걱정 마. 지금 이 순간에도 문자 중이야.

A 내가 너희 둘을 소개해주길 잘했구나. 나 완전 중매쟁이 아니냐?

● ● ● ●

under the weather 컨디션이 안 좋은　**perfect** 완벽한　**text** 문자를 보내다
matchmaker 중매쟁이

45

I'm psyched!

신난다!

'신난다' 하면 우리는 주로 I'm so excited!를 떠올리죠? 하지만 네이티브는 일상생활에서 I'm psyched!라는 표현도 많이 써요. psyched는 '들뜬, 흥분한'이란 의미의 슬랭 표현이지요.

You psyched? I'm super psyched!

넌 안 신나? 난 완전 신나!

구체적으로 무슨 일에 신나는지 말하고 싶다면 'I'm psyched for 무엇'과 같이 말해 보세요. 이 표현은 한국어로 '~이 기대된다'로 의역하면 자연스러워요.

I'm so psyched for this weekend!

이번 주말이 너무 기대돼!

한 가지 더! 비슷한 표현으로 'I can't wait for 무엇'도 있답니다. 두 표현 모두 곧 있을 일에 대해서 흥분이 되고 기대가 된다는 뉘앙스이므로 입에 붙는 표현으로 골라서 쓰면 됩니다.

I can't wait for Christmas.

크리스마스가 너무 기대돼.

MP3 #014

A You guys ready for Busan?

B Yes! I'm super psyched.
I've already finished packing.

C **I haven't even started** packing yet.[059]

D **Speaking of**[102] Busan, I rented a Mercedes for us to drive there!
Go big or go home,[115] right?

A 얘들아, 부산 갈 준비 됐어?

B 응! 완전 신나.
벌써 짐도 다 쌌어.

C 난 아직 짐 싸는 거 시작도 못했는데.

D 아 맞다, 부산에서 몰고 다니려고 내가 벤츠도 렌트해놨어!
놀 거면 제대로 놀아야지,
안 그래?

pack (짐을) 싸다   **rent** 빌리다

47

015

That's a bummer.

아쉽겠다.

bummer를 영영사전에서 찾아보면 an annoying or disappointing thing이라고 나옵니다. 말 그대로 '실망스러운 일, 짜증나는 일'이라는 의미인데요. 네이티브는 일이 잘 풀리지 않아서 짜증이 날 때, 실망스러운 소식을 듣고 아쉬운 마음을 표현할 때 That's a bummer. 혹은 What a bummer.라고 말한답니다.

A My trip got canceled. 여행 취소됐어.

B What a bummer. 실망스럽겠다.

명사 bummer 말고도 네이티브는 동사 bum(화나게 하다)을 활용해서 'bum 누구 out(~를 실망시키다, 짜증나게 하다, 우울하게 하다)' 혹은 be bummed out(실망한/짜증난/우울한 상태)으로 감정을 표현하기도 해요.

You're bumming me out! 네가 날 짜증나게 해!

I'm so bummed out. 나 너무 우울해.

bummer와 bummed out은 disappointed(실망한)나 too bad(안 좋은)만큼이나 네이티브가 흔하게 쓰는 표현이니 꼭 기억해두세요.

MP3 🎧 #015

A **What's with**⁰⁴⁷ Dave? He seems bummed out.

B **Beats me.**⁰⁰⁸ I've been **walking on eggshells around**⁰⁵⁸ him, too.

A You think we can cheer him up somehow?

B **I'll see what I can do,**⁰⁵² but I have a feeling a beer **is not gonna cut it**⁰⁹⁷ this time.

A Dave 왜 저래? 다운돼 보여.

B 글쎄다. 나도 계속 걔 눈치 보고 있어.

A 어떻게 기분 풀어줄 방법이 없을까?

B 뭐 방법이 없나 찾아볼게. 근데 이번에는 맥주 갖고 안 될 거 같은 느낌이야.

● ● ● ●

cheer ~ up ~를 격려하다, ~의 기분을 풀어주다
I have a feeling (that) 주어 + 동사 ~한 느낌이 들다, ~할 것 같은 느낌이다

016

It's just a gut feeling.

그냥 촉이 그래.

gut feeling은 gut(내장, 복부, 명치)에서 나온 표현으로 '직감, 육감, 촉'을 의미합니다. 생물학이 발달되지 않았던 때 네이티브는 감정이 뱃속에서부터 나온다고 생각했고, 뱃속에서 나오는 '직감, 육감, 촉'을 gut feeling이라고 말했던 거죠. 그래서 네이티브는 이유를 댈 수는 없지만 확신이 들 때 It's just a gut feeling.(그냥 내 촉이 그래.) 혹은 It's what my gut tells me.(내 촉이야.)라고 말한답니다.

I'd say go with your gut feeling.
네 마음 가는 대로 해봐.

어떤 직감이 드는지 자세하게 말하고 싶다면 'I have a gut feeling (that)절'이나 'My gut tells me (that)절'로 말해요.

I have a gut feeling that it's gonna rain tomorrow.
왠지 내일 비가 올 거 같아.

My gut tells me that's wrong.
내 직감으로는 그건 틀렸어.

MP3 🎧 #016

A **I have a gut feeling** Sonya broke up with Jim.

B This again? She has a boyfriend. Let it go.

A No, I think they've really broken up this time.

B How do you know?

A **It's just what my gut tells me.**

B **Don't get your hopes up.**[116]

A 왠지 Sonya가 Jim이랑 헤어진 거 같아.

B 또 이 얘기야? 걔는 남자친구 있다잖아. 이제 좀 잊어.

A 아냐. 이번에는 둘이 진짜 헤어진 거 같아.

B 네가 어떻게 아는데?

A 그냥 직감이 그래.

B 너무 기대하지는 마라.

break up with ~와 헤어지다　**let it go** 그쯤 해두다

017

Call it even?

퉁칠까?

빌린 돈을 갚거나 신세를 져서 되갚아줄 때 네이티브는 Call it even?(퉁칠까?)이라고 합니다. 모르는 단어는 없지만 even 때문에 헷갈릴 수 있는데요. 여기서 even은 The score is even.(동점이다.)이라고 할 때처럼 '동일한, 같은'이라는 뜻입니다. 그래서 call it even은 '동일한 걸로 부르다', 즉 '퉁치다, 없었던 일로 하다'를 의미합니다. 친구들 끼리는 그냥 Call it even?이라고 하면 되지만 보통은 Let's call it even.이라고 말합니다.

Let's call it even.
이걸로 퉁치자.

You helped me last time, so let's just call it even.
저번에는 네가 날 도와줬으니까 그냥 퉁치자.

참고로 혹시 same same(쎔쎔)을 떠올린 분들이 있나요? 네이티브는 절대 안 쓰는 표현이니 사용하지 마세요.

MP3 #017

A Hey, **I'm so screwed.**<u>027</u>

B What's up?

A I completely forgot about today's assignment.

B Don't worry about it. I'll help you out.

A Really? **You're a lifesaver!**<u>026</u> How can I repay you?

B **Let's call it even** since you helped me move last week.

A 야, 나 완전 망함.

B 왜?

A 오늘 과제 완전 까먹었어.

B 걱정 마. 내가 도와줄게.

A 진짜? 덕분에 살았다.
이 은혜를 어떻게 갚냐!

B 퉁치자. 지난주에 이사하는 거 네가 도와줬잖아.

● ● ● ●

help out 도와주다　**lifesaver** 생명의 은인　**repay** 갚다, 보답하다

018

I met Amy the other day.

며칠 전에 Amy 만났어.

'며칠 전에, 일전에, 얼마 전에'라고 하면 주로 a few days ago, recently 등을 떠올리기 쉬운데요. 네이티브는 the other day를 훨씬 더 많이 써요. the other day는 과거의 일을 얘기할 때 쓰기 때문에 당연히 과거시제와 함께 쓰입니다.

Ben called me the other day. He's back in Korea. 며칠 전에 Ben한테 전화가 왔어. 한국에 돌아왔대.

추가로 '~했던 날, 얼마 전 ~한 날'이라고 자세하게 말하고 싶다면 'the other day when절'로 말하면 돼요. 관사는 항상 the 그대로 쓰니까 바꾸지 말고요!

I saw you on the street the other day when it rained. 얼마 전 비가 오던 날 길에서 널 봤어.

참고로 the other night(며칠 전 밤에), the other week(몇 주 전에)처럼 day자리에 다른 시간 명사를 써서 활용할 수 있어요.

MP3 #018

A Hey, you remember the other day when you dropped me off? [064]
Did I leave my airpods in your car?

B Yeah, I've been meaning to [056] tell you about that. I forgot.

A Ah, thank God. I thought I'd lost them. If you bring me my airpods, I'll buy you a drink.

B Nah, you helped me with my report last week. Let's call it even. [017]
I'll bring them over after class.

A Thanks! You're a lifesaver! [026]

A 얼마 전에 네가 나 데려다준 날 기억나지?
내가 네 차에 에어팟 안 두고 갔어?

B 응, 안 그래도 말해주려 했는데 까먹었다.

A 아, 다행이다. 잃어버린 줄 알았네. 에어팟 가져다주면 내가 술 한잔 살게.

B 아냐, 네가 나 리포트 쓰는 거 지난주에 도와줬잖아.
이걸로 퉁치자.
내가 수업 끝나고 갖다 줄게.

A 고마워! 덕분에 살았다!

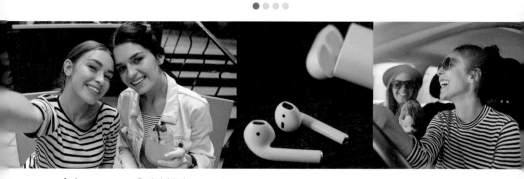

bring ~ over ~을 가져다주다

019

I'll get back to you.

다시 연락 줄게.

'다시 연락한다'고 할 때 '연락하다'의 의미인 call이나 contact보다는 네이티브는 주로 get back to로 말해요. call back도 비슷한 뜻이지만 이 표현은 전화로 연락할 때만 써요. 메신저, 이메일, 전화 등 어떤 통신수단이든 상관없이 다시 연락하는 건 전부 get back to로 말할 수 있어요.

I'll get back to you ASAP.
내가 가능한 한 빨리 연락 줄게.   *ASAP 가능한 한 빨리(= as soon as possible)

Dave still hasn't gotten back to me.
아직 Dave한테 다시 연락 못 받았어.

무엇에 대한 연락인지는 get back to 다음에 'on 무엇'을 붙여주면 됩니다.

Can I get back to you on that?
그건 제가 다시 연락 줘도 될까요?

I'll get back to you on that. I need to check my schedule.
그건 다시 연락 줄게. 일정을 확인해봐야 돼.

MP3 #019

A **Are we still on for**[050] tonight?

B Actually, I think I have to work late again. I'm sorry.

A Again? You said that **the other day**[018] as well.
Fine. **How about**[011] next week then? When are you free?

B I'm gonna have to get back to you on that.
But I promise I'll make time for you next week!

A Okay. **I'm gonna hold you to that.**[073]

A 우리 오늘 저녁에 보는 거 맞지?

B 사실은 나 또 야근해야 할 거 같아. 미안해.

A 또? 며칠 전에도 그랬잖아. 알았어. 그럼 다음 주는 어때? 언제 시간 되는데?

B 그건 상황 보고 다시 알려줄게. 근데 다음 주에는 꼭 시간 낼게. 약속해!

A 알았어. 지키는지 두고 볼 거야.

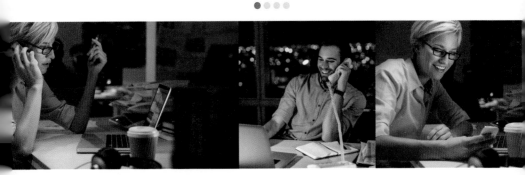

work late 야근하다 **make time** 시간을 내다, 짬을 내다

020

You do you, I'll do me.

내가 알아서 할게.

You do you. I'll do me.는 You do what you think is right, and I'll do what I think is right.을 줄인 표현으로 '넌 네가 옳다고 생각하는 일을 해, 난 내가 옳다고 생각하는 일을 할게.'라는 의미입니다. 긴 표현 대신 간단히 줄여서 말하는 거죠.

A **You should quit smoking.** 담배 끊는 게 좋을 거야.

B **You do you, and I'll do me.** 내가 알아서 할게.

한 가지 더! You do you.(네 맘대로 해.)만 따로 빼서 말하는 경우는 있지만 I'll do me.(내 맘대로 할게.)만 쓰는 경우는 없습니다.

You do you, Kevin. I'll stay out of it.

Kevin, 네가 하고 싶은 대로 해. 난 빠져 있을게.

이 표현들은 다소 무례하게 느껴질 수 있으니 조심해서 사용하세요.

인생팁 상황에 맞게 You do you. I'll do me를 재치 있게 사용하기
(자꾸 원하지 않는 조언을 하는 사람에게) You do you. I'll do me. 신경 꺼, 난 내가 알아서 할게.
(이해 안 되는 행동을 하는 사람에게) You do you. I'll do me. 그래, 너 알아서 해라.
(취향을 강요하는 사람에게) You do you. I'll do me. 각자 취향대로 하자.

MP3 #020

A I think you should play hard to get from time to time. <u>095</u>
Leave her on read <u>032</u> a few times.
Keep your girlfriend on her toes, you know?

B Thanks, but I think we're good.

A Take it from me.
It's relationship 101. <u>083</u>

B You do you, and I'll do me , bro.

A 가끔 좀 튕겨라.
몇 번 읽씹도 하고.
여자친구를 계속 긴장하게
만들어야지, 응?

B 조언은 고마운데 괜찮아.

A 내 말 들어. 연애의 기본이야.

B 내가 알아서 할게, 임마.

• • • •

play hard to get 튕기다, 비싸게 굴다   **keep ~ on one's toes** ~를 계속 긴장하게 만들다
Take it from me. 내 말 들어.

REVIEW 1

앞에서 배운 진짜 미국식 영어 표현을
이해해 보세요.

Bobby   What you up to?
What do you say[011] we **hit the gym**[007] together?

Nelly   I'm just getting back from a job interview.

Bobby   **I take it**[005] from your tone it went well?

Nelly   Yeah, I absolutely **crushed it.**[006]
Am I the best **or what?**[012]

Bobby   So you think you'll get the job?

Nelly   Yeah, they said they'll **get back to me**[019] in a few days, but I **have a gut feeling**[016] I'll get it.

Bobby   **Tell you what.**[010] If you get the job, we'll go out and celebrate.
I found this awesome *hanwoo* place **the other day.**[018]

Nelly   Sounds good!

Bobby   뭐 하냐?

       운동이나 같이 가는 거 어때?

Nelly   나 방금 면접 보고 오는 길이야.

Bobby   목소리 들어보니 잘 봤나봐?

Nelly   응, 완전 죽여주고 왔지.

       나 완전 짱이지 않냐?

Bobby   그래서 취직될 거 같아?

Nelly   응, 며칠 뒤에 다시 연락 준다고 했는데

       왠지 합격할 거 같은 예감이 들어.

Bobby   그럼 이렇게 하자, 너 합격하면 나가서 축하하자!

       며칠 전에 진짜 좋은 한우집을 찾았거든.

Nelly   좋아!

What (are) you up to? 뭐 해?
get back from ~에서 돌아오다　　**place** 식당

021

Take five?

잠깐 쉴까?

take five는 take five minutes를 줄인 표현으로 '5분만 쉬다, 잠시 쉬다'라는 의미예요. 우리가 흔히 '쉬다'라고 알고 있는 take a break, take a short break와 같은 의미입니다. take five는 단위가 '분'이기 때문에 '퇴사하고 잠시 일을 쉬고 있다'와 같은 의미로는 쓸 수 없어요. 그리고 5분이기 때문에 푹 쉬는 뉘앙스가 아니라 무언가를 하는 도중에 잠깐 쉬었다가 다시 시작하는 뉘앙스랍니다.

You wanna take five?
잠깐 쉴래?

Good job! Let's take five before we go on.
잘했어! 더 하기 전에 우리 잠시 쉬자.

비슷한 표현으로 take a breather(잠깐 쉬다, 한숨 돌리다)도 있는데요. 숨 한 번 쉴 만큼 짧은 시간 동안 쉬는 것을 말합니다. take a break(잠깐 쉬다)와 비슷한 뜻이지만 조금 더 힘든 일을 했을 때 쓰기 적절한 표현입니다.

Let's take a breather. I'm exhausted.
잠깐 쉬자. 너무 힘들다.

MP3 #021

A You wanna take five ?
You seem tired.

B I think I'm **coming down with a cold**. 049

A **Tell you what**. 010 Why don't we call it a night and continue tomorrow?

B No, it's okay.
Let's take five and **give it another go**. 066

A 잠시 쉬었다 할래?
피곤해 보여.

B 감기 기운이 조금 있는 거 같아.

A 그럼 오늘은 그만하고 내일 계속 하는 게 어때?

B 아냐, 괜찮아.
잠시 쉬었다가 다시 한번 해보자.

call it a night (그날 일을) 끝내다, 활동을 중지하다   **continue** 계속하다

022

You talk as if you know everything.

마치 다 아는 것처럼 말하네.

우리는 as if를 회화에서는 쓸 일 없는 가정법으로만 알고 있는데요. 네이티브는 회화에서 곧잘 사용합니다. 바로 You talk as if ~(넌 ~처럼 말하네), You act as if ~(넌 ~처럼 행동하네)처럼 말이죠. as if는 주로 talk(말하다), act(행동하다) 같은 동사들과 함께 쓰입니다.

You talk as if you were a child.
아이 같이 말하네.

You act as if you were king.
너는 마치 네가 왕인 것처럼 행동해.

As if!를 단독으로 사용하면 '마치 가능한 거처럼 말하네' 혹은 '마치 사실인 거처럼 말하네'가 되는데 의역해서 '퍽이나!'라고 해석하는 것이 자연스럽습니다. 상대방이 말도 안 되는 얘기를 할 때 '퍽이나 그러겠다'라는 의미로 살짝 비꼬듯이 말할 때 사용할 수 있어요.

You think Dave's gonna be on time tomorrow?
As if.
내일은 Dave가 안 늦을 거 같다고? 퍽이나 그러겠다.

MP3 #022

A Babe! **As of yesterday,**[044] I'm officially no longer unemployed! **Throw on**[028] a sweatshirt and come out!
Let's go have some *hanwoo*!

B Really? I knew you would **pull it off**![051]
Still, a sweatshirt is too shabby.
Let me **put on**[028] a sundress!

A **You talk as if** you don't look gorgeous in a sweatshirt.

A 자기야! 나 어제부로 공식적으로 취업했어! 추리닝 대충 걸치고 나와! 한우 먹으러 가자!

B 진짜? 난 자기가 해낼 줄 알았어! 근데, 추리닝은 너무 후줄근하잖아. 나 원피스 입고 나갈게!

A 마치 추리닝 입으면 안 예쁜 것처럼 말하네.

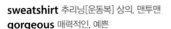

sweatshirt 추리닝[운동복] 상의, 맨투맨   **shabby** 후줄근한   **sundress** 여름용 원피스
gorgeous 매력적인, 예쁜

65

023

To be fair

솔직히

'솔직히'는 영어로 많은 표현들이 있습니다. 그래서 뉘앙스를 정확하게 알아야 상황에 따라 실수하지 않고 제대로 표현할 수 있어요. To be fair(솔직히)는 상대방이 한 말에 반박하거나 변명할 때 사용해요. 따라서 '따지자면, 솔직히 까놓고 말해'의 뉘앙스가 있다는 것을 알고 사용해야 합니다.

To be fair, I never gave you a definite answer.

솔직히 내가 확답을 준 건 아니었잖아.

한편 to be honest(솔직히)는 상대방이 모르고 있는 사실을 고백할 때 쓰는 표현으로 '솔직히 말하자면'의 뉘앙스가 있답니다.

To be honest, I never really liked horror movies.

솔직히 말하자면, 난 공포영화 별로 안 좋아했어.

이처럼 단순히 표현의 뜻만 기억해서는 적절하게 말할 수 없습니다. 영어 표현은 꼭 뉘앙스까지 함께 기억해주세요.

MP3 #023

A **You up for**⁰²⁹ a drink today?

B Nah, I need some **me time**⁰²⁴ today.

A Come on. You never come out when I want to drink.

B **To be fair,** you always say no when I ask you if you want to work out together.

A That's true. **Let's call it even.**⁰¹⁷

A 오늘 술 한잔할래?

B 아니, 오늘은 좀 혼자만의 시간이 필요해.

A 야, 넌 어떻게 내가 술 마시고 싶다 하면 한 번을 안 나오냐.

B 솔직히 너도 내가 같이 운동할지 물어보면 맨날 싫다고 하잖아.

A 그건 그래. 퉁치자.

come out 나오다 **work out** 운동하다

024

I need some me time.

나만의 시간이 필요해.

혼자 있고 싶다고 할 때 alone이 생각나겠지만, 네이티브는 me time을 써서 말합니다. me time은 혼자 휴식을 취하거나 하고 싶은 일을 하면서 온전히 자기 자신만의 시간을 가지는 것을 뜻합니다.

ᴬ **What are you gonna do over the weekend?**
주말에 뭐 할 거야?

ᴮ **I'm gonna stay home. Get some me time.**
집에 있을 거야. 나만의 시간을 좀 보내게.

me time이 문법적으로 어색하게 느껴질 수도 있어요. my time이 아닌 점에 유의하세요!

I'm gonna spend some me time this weekend.
이번 주말에는 혼자만의 시간을 좀 가지려고.

인생팁 '혼자만의 시간' me time vs. alone time 뉘앙스 알아보기
둘 다 '혼자만의 시간'이라는 의미가 될 수 있지만 alone time은 맥락에 따라 '둘만의 시간'을 의미하기도 해요. 특히 연인이나 부부 사이에서 둘만의 시간을 보낸다고 할 때 alone time을 쓸 수 있죠.
Let's spend some **alone time** this weekend. 이번 주말에는 둘만의 시간을 좀 보내자.

MP3 #024

A What are you doing tonight?

B I was just gonna chill at home.

A Why don't you come out with me and Bobby?

B Nah, I've been working my ass off[072] all week.
I just want to relax.
Get some me time.
We'll catch up[074] soon. I promise.

A I'm gonna hold you to that.[073]

A 오늘 저녁에 뭐 해?

B 그냥 집에서 쉬려고.

A 나랑 Bobby랑 같이 놀자.

B 아냐. 나 이번 주 내내 뼈 빠지게 일했어.
그냥 쉬고 싶어.
혼자만의 시간도 좀 갖고.
곧 회포 풀자. 약속할게.

A 약속했다?

chill 쉬다, 느긋한 시간을 보내다   **all week** 일주일 내내   **relax** 느긋이 쉬다

025

Let's blow off some steam!

스트레스 풀러 가자!

만화영화에서 화나거나 스트레스 받는 장면을 보면 꼭 머리 위에서 김이 나죠? 그 steam(열기, 증기)은 화가 나서 더워지는 것을 의미해요. '화를 식히다'는 뜻으로 blow off steam(스트레스 풀다)은 네이티브가 회화에서 자주 쓰는 말이에요.

I really need to blow off some steam this weekend.

이번 주말에 진짜 제대로 스트레스 풀어야 돼.

What do you normally do to blow off steam?

넌 보통 어떻게 스트레스 풀어?

인생팁 **'스트레스 풀다'** release stress *vs.* relieve stress *vs.* get rid of stress 뉘앙스 알아보기
release stress는 운동이나 노래 부르기 등 동적인 행동을 통해 스트레스를 분출하는 뉘앙스가 있어요. relieve stress는 스트레스 완화에 가깝고 문어체에 더 어울려서 Lavender is good for stress relief. (라벤더는 스트레스 완화에 좋다.)처럼 명사 형태로 더 많이 사용됩니다. get rid of stress는 '스트레스를 없애다'라는 의미이므로 '스트레스를 풀다'와는 뉘앙스 차이가 있습니다.

MP3 🎧 #025

A   Hon, **something on your mind?**[057]

B   Nah, I've just been really stressed out.

A   Sounds like you need to **blow off some steam**.
    What do you say[011] we go out for some *hanwoo*?

B   **As of this moment,**[044] you're my favorite person in the world.

A   자기야, 무슨 고민 있어?

B   아니, 그냥 요즘 스트레스가 쌓여서.

A   스트레스를 좀 풀어야 할 거 같네.
    우리 한우 먹으러 가는 게 어때?

B   이 순간부터, 넌 이 세상에서 내가 가장 좋아하는 사람이야.

hon 자기(= honey)   **be stressed out** 스트레스를 받다, 스트레스로 지치다
sound like (듣고 보니) ~인 것 같다

026

You're a lifesaver!

진짜 고마워!

네이티브는 고마운 상황에서 You're a lifesaver!(너는 구세주야!)라고 자주 말해요. 한국어와 통하는 맥락이 있지만 약간 어색하게 들리기도 해요. 이는 영어와 한국어의 표현 방식의 차이로 영어는 명사 중심, 한국어는 동사 중심으로 표현하기 때문입니다. 그래서 직역해서 '너는 구세주야!'라고 이해하기보다는 '고마워!', '네 덕분에 살았어!'처럼 동사로 뉘앙스를 살려 의역하는 것이 더 자연스러워요. 이제는 Thank you! 대신 You're a lifesaver!라고도 말해보세요!

A **I'll help you with your homework.**
숙제 도와줄게.

B **You're a lifesaver!** **Dinner's on me today.**
네 덕분에 살았다! 오늘 저녁은 내가 쏠게!

문장 전체가 하나의 덩어리 표현이므로 He's a lifesaver. 또는 You were a lifesaver. 같이 주어나 시제를 바꿔서 응용하면 어색한 표현이 되니 주의하세요!

MP3 🎧 #026

A Babe, can you do me a huge favor?

B What is it?

A I left my folder at home… Can you bring it by the office for me? I would go myself, but I have back-to-back⁰⁶³ meetings.

B Sure, I'll stop by¹⁰⁴ on my way to work.

A You're a lifesaver! Love you!

A 자기야, 나 힘든 부탁 하나만 들어줄 수 있어?

B 뭔데?

A 내가 집에 파일을 두고 왔는데… 사무실에 좀 가져다줄 수 있어? 내가 직접 가야겠지만 연달아 계속 미팅이 있어서.

B 그래, 내가 출근하면서 들를게.

A 완전 고마워! 사랑해!

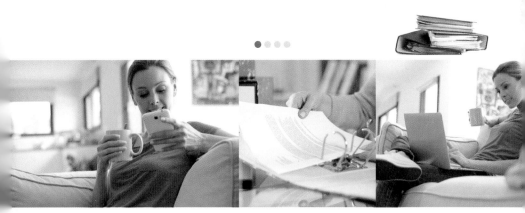

do me a favor 내 부탁을 들어주다 **on the/one's way to work** 출근길에

027

I screwed it up.
내가 망쳤어.

네이티브는 실수하거나 잘못했을 때 screw up(망치다)이란 표현을 자주 사용하는데요. 이 표현을 적절하게 의역하지 않으면 자칫 헷갈릴 수 있습니다. 실수하고 잘못했을 때는 목적어 없이 I screwed up.(내가 실수했어.), 뭔가를 망쳤을 때는 목적어를 넣어서 I screwed it up.(내가 이걸 망쳤어.)처럼 말해야 합니다. 이렇게 목적어 유무에 따라 뉘앙스가 달라진다는 점을 꼭 짚고 넘어가세요.

I screwed up at work today. 오늘 회사에서 실수했어.

I really screwed up this test. 나 이번 시험 완전 망쳤어.

하나 더! 누군가가 be screwed라고 표현하면 '망했다'는 의미이고, 사물을 주어로 해서 be screwed up이라고 쓰면 '망가진 상태'를 뜻합니다.

We're all screwed. 우리 모두 망한 거야.

My phone is screwed up. 내 핸드폰이 먹통이야.

screw보다 좀 더 과격하게 말하고 싶다면 screw를 fuck으로 바꿔 사용할 수 있어요. 단, 이런 표현은 편한 사이에서만 사용해야 한다는 것 잊지 마세요!

MP3 🎧 #027

A I seriously screwed up at work today.

B What happened?

A I gave a presentation in front of my boss, and I completely screwed it up. My boss was furious. I'm so screwed.

B Things happen. You just have to suck it up.[078]

A 오늘 회사에서 엄청난 실수를 했어.

B 무슨 일인데?

A 차장님 앞에서 PT를 했는데 완전 망쳤어. 차장님이 엄청 화나셨어. 나 완전 망했다.

B 그럴 수도 있는 거지. 그냥 견뎌내야지 뭐.

seriously 완전, 정말   **furious** 몹시 화가 난, 격노한
Things happen. (실수를 한 상대방에게 위로의 뜻으로) 그럴 수도 있지.

028

Just throw something on!

대충 걸쳐!

'(옷을) 입다' 하면 어떤 표현이 떠오르세요? wear과 put on이 떠오르나요? 그렇다면 throw on도 알고 있나요? 네이티브는 wear는 '입고 있는 상태', put on은 '입는 행위', throw on은 '대충 입는 행위'로 뉘앙스를 구분합니다.

Hold on! Let me just throw on some clothes!
잠시만! 옷 좀 걸치고 나갈게!

I'm right in front of your place! Just throw something on and come out!
나 자기 집 앞이야! 대충 걸치고 나와!

참고로 put on은 '(옷을) 입다'라는 뜻뿐만 아니라 '(신체에 착용하는 모든 것을) 입다, 바르다, 착용하다'의 의미로도 사용합니다. 예를 들면 액세서리, 향수, 화장까지도 put on을 사용하죠. 그래서 put on makeup은 '화장을 하다'라는 뜻입니다.

인생팁 **throw on의 목적어 위치**
구동사에는 분리가 가능한 구동사와 분리가 불가능한 구동사가 있는데요. throw on처럼 분리 가능한 구동사는 목적어가 대명사인 경우는 중간에 위치하고, 목적어가 일반명사인 경우는 구동사 뒤에 위치합니다.
Throw this **on**. 이것을 걸쳐라.
Throw on a shirt. 셔츠를 걸쳐라.

MP3 #028

(at 11:00 PM, a couple is talking on the phone about what's been troubling one of them.)

A I really want a job in this field, but just in case, I think I need a plan B.

B **I've been there.**[031]
   Don't worry too much.
   I **believe in**[043] you.
   You'll be great at whatever you do.

A Thanks… I wish you were here.

(30 minutes later)

B **Throw something on** and come out. I'm outside your place.

(밤 11시, 커플이 한 명의 고민거리에 대해서 통화하고 있다.)

A 난 이 분야에서 정말 일하고 싶은데, 만약의 경우를 위해 plan B가 필요할 거 같아.

B 나도 그런 적 있어.
   너무 걱정하지 마.
   난 너를 믿어.
   넌 뭘 해도 잘할 거야.

A 고마워… 보고 싶다.

(30분 뒤)

B 대충 걸치고 나와. 너희 집 앞이야.

field 분야   **just in case** 만약의 경우를 대비해서   **plan B** 제2안

77

029

Who's up for a coffee?

커피 마실 사람?

Who's up for ~?는 '영화 볼 사람?', '술 한잔할 사람?'처럼 함께할 사람을 찾을 때 쓰는 말이에요. be up for는 want to와 같은 의미지만 주로 친한 친구들 사이에서 쓰는 표현이라서 네이티브는 한정적인 상황에서만 사용해요.

1 Who's up for a drink?
술 한잔할 사람?

2 You up for a drive?
드라이브 갈래?

3 I'm up for whatever.
아무거나 괜찮아.

2번의 You up for ~?는 '너 ~할래?'라는 의미로 You 앞에 Are은 거의 생략해서 말해요. 3번의 I'm up for ~는 '~하고 싶다'보다는 '~하는 거 나도 좋다'는 뉘앙스입니다. 위의 3가지 패턴 외에는 거의 사용되지 않으니 위 표현들이 입에서 바로 튀어나오게 많이 연습해서 활용하세요.

MP3 #029

A Babe, **you up for** a movie?

B Yeah! I've been wanting to see that new one with Ryan Gosling.

A No… not another romcom? Let's go see something I like for a change.

B **To be honest,**[023] you have horrible taste in movies.

A Fine. Let's go watch the new Ryan Gosling movie.

A 자기야, 영화 볼래?

B 응! 나 안 그래도 새로 나온 Ryan Gosling 영화 보고 싶었어.

A 또 로맨틱 코미디야? 이번만큼은 내가 보고 싶은 거 보자.

B 솔직히 자기 영화 취향 진짜 별로야.

A 알았어. 새로 나온 Ryan Gosling 영화 보러 가자.

romcom 로맨틱 코미디(= romantic comedy)　　**for a change** 여느 때와 달리, 이번만큼은

030

What's his/her face?

걔 이름이 뭐더라?

어떤 사람에 대해 말하고 싶은데 도무지 이름이 기억나지 않을 때 이름 대신에 '걔 있잖아' 같이 표현하잖아요? 네이티브는 이름이 생각나지 않을 때 what's his face 혹은 what's her face라고 말합니다. 이름 대신 지칭하는 표현이니까 명사입니다.

Hey, how was your date with what's her face?
야, 그 있잖아, 걔랑 데이트 어땠어?

한편, 사람 말고 물건의 이름이 기억나지 않아서 '거시기, 그거 있잖아' 하고 말할 때는 whatchamacallit[와처마커릿]이라고 하면 되는데요. what do you call it을 빨리 말했을 때 들리는 소리로 탄생한 표현입니다.

Do you have the whatchamacallit?
그 뭐냐, 그거 있어?

Did you bring that black whatchamacallit?
그 있잖아, 뭐냐, 그 검은 머시기 가져왔어?

물건을 말할 때는 상관없지만 혹시 사람을 말할 때는 당사자가 있는지 없는지 확인하길 바랍니다. 만약 그 사람 앞에서 사용한다면 당연히 큰 실례가 될테니까요.

MP3 #030

A Hey, I heard you ran into `what's his face` the other day.[018]

B Who? Chris?

A Yeah, it was the first time since you two broke up, right?

B Yeah, we started `catching up`…[074] and we're gonna see each other again next week. He's texting me `as we speak`.[090]

A What? `Sleep on it`[075] before you do anything stupid.

A 너 며칠 전에 그 누구냐, 걔 마주쳤다며?

B 누구? Chris?

A 응, 너희 헤어지고 처음 아니었어?

B 응, 오랜만에 얘기 좀 하다가… 다음 주에 또 보기로 했어. 걔가 지금도 나한테 문자 보내고 있어.

A 뭐? 멍청한 짓 하기 전에 하루는 더 고민해봐.

● ● ● ●

run into 우연히 만나다, 마주치다　　**break up** 헤어지다

031

I've been there.

나도
그런 적 있어.

I've been there.는 네이티브가 위로할 때 정말 많이 쓰는 표현입니다. '나도 그런 적 있어.'라고 하며 자신 역시 비슷한 경험을 했기에 상대방의 말에 공감하고 위로하는 표현입니다.

I've been there. Don't worry. I believe in you.
나도 그런 적 있지. 걱정 마. 난 널 믿어.

I know how you feel. I've been there.
네 기분이 어떤지 알아. 나도 그런 적 있거든.

I've been there. 말고도 Been there, done that.도 '나도 그런 적 있어.'라는 표현인데요. 이 표현은 다소 부정적인 의미가 담겨 있어요. 그래서 '벌써 경험을 해봤는데 다시는 그런 경험을 하기 싫다, 해봤는데 넌 하지 마라, 해봤는데 별로야'라는 뉘앙스를 가집니다.

Been there, done that. What else you got?
진작에 해봤지. 다른 아이디어 없어?

MP3 🎧 #031

A What's with ⁰⁴⁷ you today?	A 오늘 왜 그래?
B Tina dumped me **the other day.**⁰¹⁸	B 며칠 전에 Tina한테 차였어.
A Ahh… **I've been there.** Don't worry. You'll get over it, buddy.	A 아… 나도 그런 적 있어. 걱정 마. 괜찮아질 거야.
B I just want to be in love again.	B 난 단지 다시 사랑을 하고 싶을 뿐이야.
A **Been there, done that.** Let's enjoy the single life!	A 나도 다 해봤는데 별거 없어. 싱글 라이프를 즐기자!

● ● ● ●

dump (애인을) 차다   **get over** ~을 극복하다   **buddy** 동료, 친구

032

Don't leave me on read!

읽씹하지 마!

상대가 문자나 SNS 메시지를 읽고 나서 답이 없을 때 '읽고 씹었다, 읽씹했다'라고 말하잖아요. 이때 '읽고 씹다'는 표현은 '읽은 상태로 내버려두다'라는 의미이기 때문에 영어로는 말 그대로 'leave 누구 on read'라고 표현합니다. 여기서 leave는 '내버려두다'라는 의미로 쓰였습니다.

Don't you dare leave me on read again!
너 또 읽씹하기만 해봐!

비슷한 표현으로 ghost도 있는데요. ghost의 뉘앙스는 인스타 DM, 카톡, 전화 등 모든 연락을 아예 안 받는 거예요. 문자도 읽지 않는 거죠. 그래서 한국어로는 '잠수 타다'라는 표현이 적당해요.

He's still mad. He's been ghosting me the entire day.
걔 아직도 화났나 봐. 하루 종일 내 연락을 씹고 있어.

참고로 ignore my message(내 메시지를 무시하다)라고 말하면 '읽었다'는 정보가 담겨 있지 않기 때문에 '읽씹하다'라는 의미가 될 수 없어요.

MP3 🎧 #032

A   Bobby left me on read again.

B   I told you he's just leading you on!⁰⁹²

A   Don't jump to conclusions.⁰⁹³ He might just be busy.

B   For the love of God,⁰⁹⁴ hear me out.⁰⁴⁵ Unless he's incarcerated, hospitalized, or there's been a death in the family, a guy will never ghost a girl he's interested in.

A   Bobby가 또 읽씹했어.

B   내가 말했잖아. 걔는 그냥 어장 관리하고 있다고!

A   섣불리 결론짓지 마. 그냥 바쁜 것일 수도 있잖아.

B   제발 내 말 좀 들어봐. 옥중, 병중, 상중이 아닌 이상 남자는 관심 있는 여자의 연락을 절대 씹지 않아.

incarcerated 감금된, 구금된   hospitalized 입원한

033

Serves you right.

꼴좋다.

serves you right은 상대가 꼼수 부리다가 역으로 당한 상황이나 얄밉게 굴다가 보기 좋게 벌 받는 상황 등 나쁜 짓에 맞는 대가를 받아서 '꼴좋다, 쌤통이다'라는 의미로 사용돼요.

Ha-ha! Serves you right!
하하! 꼴좋다!

무슨 꼼수를 부렸는지 말하고 싶다면 'for 무엇'을 뒤에 붙여주는데요. for 뒤에는 보통 행동이 나오기 때문에 동명사(-ing)를 써주면 됩니다.

Serves you right for lying to me.
나한테 거짓말하더니 꼴좋다.

Serves me right for half-assing the project.
프로젝트 대충 한 내 잘못이지 뭐. *half-ass 대충 하다

아무래도 가까운 사이나 제3자에 대해 얘기할 때 쓰기 적당하겠죠? 원래 문장은 It serves you right.인데 It을 생략하고 쓰는 경우가 많아요.

MP3 🎧 #033

A Did you hear? Alex got fired!

B Serves him right for taking credit for OUR work.

A Tell me about it! [086]
He got what he deserved.

B By the way, can you walk me through [071] tomorrow's schedule?

A Sure thing.

A 들었어? Alex 해고됐대!

B 쌤통이다. 우리가 한 일의 공을 가로채더니.

A 내 말이!
정당한 대가를 치른 거지.

B 그나저나, 내일 일정 좀 나한테 자세하게 설명해줄 수 있어?

A 당연하지.

● ● ● ●

get fired 해고되다   **take credit for** ~의 공을 차지하다, 가로채다
deserve ~을 받을 만하다, ~을 해야 마땅하다

034

None whatsoever.

1도 없어.

whatsoever가 생소한 분들이 많을 텐데요. whatsoever는 일상 회화에서 네이티브가 무엇이 없다는 것을 강조할 때 정말 많이 쓰는 표현입니다. 단, 이 말을 쓸 때는 앞에 무조건 부정 표현이 와야 해요.

I have no cash. None whatsoever.

나 현금 1도 없어.

만약 '무엇'이 없다는 것을 강조해서 말하고 싶다면 no와 whatsoever 사이에 '무엇'을 넣어 'no 명사 whatsoever' 패턴을 사용하세요.

It makes no sense whatsoever.

이건 진짜 1도 말이 안 돼.

한 가지 더! 이 표현은 의문문으로 말하지는 않기 때문에, 물어보고 싶다면 평서문에 whatsoever를 붙이고 질문하는 것처럼 문장 끝을 올려서 말하면 돼요.

Do you have no money whatsoever? (×)
→ You have no money whatsoever? (○)

너 돈 1원도 없어?

MP3 #034

A Do you remember Emma from college?

B No, the name doesn't **ring a bell**.[085]

A She used to be in our physics class. James had a huge crush on her.

B Hmm… no. I have no memory of her. None whatsoever.

A Okay, well, **long story short**,[046] apparently, she's getting married… to William.

B WHAT? William is getting married?

A 너 대학교 때 Emma 기억나?

B 아니, 전혀 기억 안 나는데.

A 우리 물리 수업 같이 들었잖아. James가 걔 엄청 좋아했고.

B 음… 아니. 진짜 1도 기억 안 나는데.

A 그래, 뭐 어쨌든 요약하자면 듣자 하니 Emma가 결혼한대… William이랑.

B 뭐? William이 결혼한다고?

● ● ● ●

have a crush on ~에게 홀딱 반하다   **apparently** 듣자 하니, 보아하니

035

Don't be a stranger!

얼굴 좀 보고 지내자!

오랜만에 만나면 Long time, no see! 하고 인사하는데 헤어질 때는 뭐라고 인사하나요? 네이티브는 오랜만에 만난 사람과 헤어질 때 '이제는 자주 연락하고 얼굴 보면서 지내자'는 뉘앙스로 Don't be a stranger!라고 말해요. '낯선 사람이 되지 말자!', 즉 '자주 연락하고 만나자!'는 뜻입니다. 표현 자체가 한 덩어리이기 때문에 그대로 사용하면 됩니다.

Don't be a stranger.
자주 연락하자. / 얼굴 좀 보고 지내자. / 연락 좀 하고 지내자.

비슷한 표현으로 Let's keep in touch. 혹은 We should do this more often.이 있습니다. Let's keep in touch.는 '연락하고 지내자.'라는 뜻이고 We should do this more often. 은 '더 자주 보자.' 정도의 뜻이 되겠네요.

Let's keep in touch. You know my number, right? 연락하고 지내자. 내 번호 알지?

It was great seeing you today. We should do this more often! 오늘 봐서 너무 좋았어. 우리 더 자주 보자!

MP3 🎧 #035

A It's been great **catching up,**⁰⁷⁴ but **I gotta**⁰⁰² get going.

B Okay, but we gotta get together more often.
Tell you what.⁰¹⁰ Let's call Dave and Chris and the others and make this a monthly thing.

A Maybe **every other month?**⁰⁴²
Either way,⁰⁴¹ why don't you **jot down**⁰⁸⁴ my email?

B All right, don't be a stranger!

A 오랜만에 봐서 즐거웠는데 이제 가봐야 할 거 같아.

B 알았어, 근데 우리 좀 더 자주 만나자.
이렇게 하자. Dave랑 Chris랑 다른 애들도 연락해서 한 달에 한 번 모이자.

A 두 달에 한 번은 어때?
어찌 됐건, 내 이메일 받아 적어.

B 알았어, 연락하고 지내자!

● ● ● ●

get going 가다, 떠나다, 출발하다

036

I'm sorry about earlier.

아까는 미안했어.

한국어 '아까'를 영어로 말하려면 before, ago 같은 단어들이 떠오르죠? 한편 영어 earlier를 들으면 비교급 '~보다 먼저'가 떠오르고요. earlier는 물론 '~보다 먼저/일찍'의 의미이지만 네이티브는 회화에서 '아까'의 의미로 훨씬 자주 사용합니다. '아까'를 영어로 표현할 때 a minute ago, a while ago 등 다른 표현들도 있지만 earlier 로 표현하는 게 가장 간단하죠.

He was here earlier.
걔 아까 왔었어.

earlier는 다른 시간 표현과 함께 쓸 수도 있어요. 오늘 있었던 일을 말할 때 아침이면 earlier this morning(아까 아침에), 오후면 earlier this afternoon(아까 오후에), 저녁이면 earlier this evening(아까 저녁에)이라고 할 수 있어요. 시간이 좀 경과된 일에도 earlier this week(이번 주 초), earlier this month(이달 초), earlier this year(올해 초)라고 쓸 수 있어요.

I met her earlier this morning.
나 아까 아침에 걔 만났어.

MP3 🎧 #036

A I'm sorry about earlier .
   I **screwed up**.⁰²⁷

B It's okay. **It's water under the
   bridge.**¹⁰⁰

A No, I should've **believed**⁰⁴³ you
   when you said there was nothing
   going on between you and her.

B Thank you for saying that. Trust is
   relationship 101,⁰⁸³ you know.

A I know, sweetie. I won't **jump to
   conclusions**⁰⁹³ from now on.

A 아까는 미안했어.
   내가 실수했어.

B 괜찮아. 다 지난 일인데 뭐.

A 아냐. 네가 그 여자랑 아무 사이
   도 아니라고 말했을 때
   믿었어야 했어.

B 그렇게 말해줘서 고마워. 믿음은
   연애의 기본인 거 알잖아.

A 나도 알아, 자기야. 앞으로는
   섣불리 결론짓고 그러지 않을게.

● ● ● ●

should have p.p. ~했어야 했는데 (하지 못했다)
There is nothing going on between ~ ~ 사이에 아무 일도 없다, ~는 아무 사이 아니다

93

037

You were right after all.

결국
네 말이 맞았어.

영어는 뉘앙스 언어죠. '결국'이라고 해서 다 같은 뜻이 아닙니다. 시간적인 의미의 결국, 결과적인 의미의 결국, 중요도의 결국 등 상황에 따라 다양한 표현이 있어요. 그중에서 네이티브가 자주 사용하는 after all의 정확한 뉘앙스는 '(생각/우려/예상 했던 것과 달리) 결국'이에요! 생각했던 것과 반대로 일이 벌어졌다는 의미죠. 이 표현은 문장 앞이나 뒤에 모두 올 수 있습니다.

You were right after all. (처음에 생각했던 거와 달리) 결국 네 말이 맞았어.

He came to class after all. (안 올 거라 예상했지만) 결국 걔는 수업에 왔어.

인생팁 **다양한 '결국' 알아보기**

finally는 일정 기간에 있었던 일 중 마지막 순서로 했다는 의미로 '(오랜 시간/과정/사건 후에) 결국'입니다. at (long) last는 오랜 시간 지체되었던 일을 결국에는 했다는 의미로 '(오랫동안 기다려왔던 일이) 결국'입니다. in the end는 시간이 많이 경과된 일이나 고민 끝에 내놓은 결론의 의미로 '(오랜 시간 후에, 오랜 생각 후에) 결국'입니다. in the long run은 미래에 예측한 결과를 말하는 의미로 '(미래에 언제쯤) 결국'입니다.

We finally got home at midnight. (하루 일과 중 마지막 일정으로) 우리는 결국 자정에 집에 왔다.

I'm so glad to meet you **at last**. (일정이 밀리다가) 결국 이렇게 만나게 되어서 정말 기뻐요.

In the end, we decided not to buy it. (고민 끝에) 결국 우리 그거 안 사기로 했어.

It seems like a lot of effort, but I'm sure it's the best solution **in the long run**.
(앞으로 일을 예측하며) 많은 수고가 들겠지만 이게 결국 최고의 해결책이라고 확신해.

MP3 #037

A You were right after all.
I'm sorry I didn't believe[043] you.

B Don't worry about it. If anything,[038]
I'm sorry I got angry.
You don't have to walk on
eggshells around[058] me.

A Thanks, buddy.
What do you say[011] we go blow
off some steam?[025]

B Sure, what do you feel like doing?

A Let's hit the bar for some drinks!

A 결국 네 말이 맞았어.
믿지 않았던 거 미안해.

B 괜찮아. 오히려 내가 화내서
미안해.
이제 내 눈치 안 봐도 돼.

A 고마워, 친구야.
스트레스나 풀러 가는 거 어때?

B 그래, 뭐 하고 싶은데?

A 바에 가서 술이나 마시자!

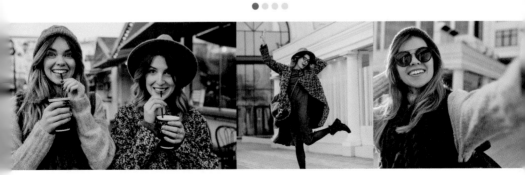

don't have to ~할 필요 없다, ~하지 않아도 되다　**buddy** 친구, 동료

038

If anything, thank you.

오히려 고마워.

If anything은 아는 단어들만 있는 표현이지만 무슨 뜻인지 이해가 되나요? 아마 if와 anything으로 구분해서 뜻을 유추하기 어려울 거예요. 한국어는 단어마다 의미를 파악하지만, 영어는 덩어리 언어(chunk language)이기 때문에 단어들의 조합으로 의미를 파악해야 합니다. 그래서 if anything을 통으로 받아들여서 '오히려'라고 외우세요.

If anything, I should be thanking you.
오히려 내가 고마워.

If anything, I think this need a bit more salt.
오히려 소금 간을 더 해야 할 거 같은데.

한 가지 더! If anything은 주로 앞에 말한 내용에 덧붙여 사용된다는 것도 알아두세요. 그리고 단어 하나하나가 분명히 들리는데, 이해가 안 되는 덩어리 표현들은 통째로 외워서 기억하는 습관을 들이는 것이 좋아요.

I like her. If anything, I think I love her.
그녀가 좋아. 오히려 사랑하는 거 같아.

MP3 🎧 #038

A Jake **left me on read** <u>032</u> again!
I think he's just **leading me on.** <u>092</u>

B **Don't jump to conclusions.** <u>093</u>
You don't know that for sure.
Let me take a look at his texts.

(B reads A's texts with Jake.)

B I don't think he's **leading you on.** <u>092</u>
If anything, I think he's just playing
hard to get!

A 제이크가 내 문자 또 읽씹했어!
걔가 나 어장 관리하는 거 같아.

B 섣불리 결론짓지 마.
확실한 거 아니잖아.
걔 문자 보여줘 봐.

(B가 A와 제이크의 문자 내용을
읽어본다.)

B 어장 관리 같지는 않은데?
오히려 그냥 밀당하는 거 같아!

● ● ● ●

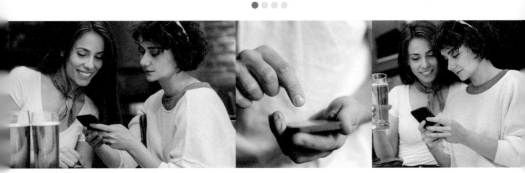

for sure 확실히　　**play hard to get** 밀당하다, 비싸게 굴다

039

Where is this coming from?

갑자기 왜 그러는 거야?

Where is this coming from?이 '갑자기 왜 그러는 거야?'라는 뜻으로 바로 파악이 되진 않죠? 영어에서는 대화의 흐름을 출발점과 목적지로 표현해요. 지금 하고 있는 말을 하게 된 이유를 '출발점', 궁극적으로 하고 싶은 말을 '목적지'라고 생각하죠. 그래서 Where is this coming from?은 '지금 이 말이 어디서 출발한 거냐? → 이 말이 나온 이유가 뭐냐? → 갑자기 왜 이러는 거냐?' 순서로 이해하면 쉽습니다.

Where is this coming from? Why are you mad?

왜 그러는 거야? 왜 화난 건데?

참고로 이 표현을 평서문의 목적절로 쓸 때는 앞에 동사 know가 아니라 see로 말해야 해요. 대화의 목적지(where절)를 위치로 표현했기 때문에 목적지를 '안다'보다는 '보인다'는 뉘앙스가 더 어울리기 때문이에요. 또 주어도 this가 아니라 you로 말해야 합니다.

I see where you're coming from. I've been there.

네가 왜 그러는지 알 거 같아. 나도 그런 적 있어.

MP3 🎧 #039

(A and B are exes.)

A   You up?

B   What do you want?

A   I was just thinking about you.

B-1   **Where is this coming from?**

B-2   **Where are you going with this?**[040]

B-3   I see **where you're going with this**[040] but just don't.

(A와 B는 전 연인이다.)

A   자니?

B   왜?

A   그냥 생각나서 연락해봤어.

B-1   갑자기 왜 그러는데?

B-2   하고 싶은 말이 뭔데?

B-3   무슨 말 할지 알 거 같은데 그냥 하지 마.

● ● ● ●

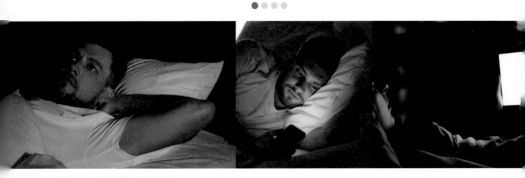

You up? 안 자?, 깨어 있어?

040

Where are you going with this?

무슨 말을 하려는 거야?

Where are you going with this?에서 this가 가리키는 것은 '대화'입니다. 그래서 이 표현은 '네가 이 대화를 끌고 가는 곳이 어디야?'라는 뜻으로 '네가 결국 하고자 하는 말이 뭐야?'로 자연스럽게 의역이 될 수 있어요. 처음에는 조금 생소할 수 있지만 활용하기 정말 쉬운 표현이죠. 아래 3가지 패턴으로 주로 말하니까 입에 착 붙도록 큰 소리로 반복해서 연습해 보세요.

1 Where are you going with this?
무슨 말을 하려는 거야?

2 I see where you're going with this.
네가 무슨 말 하려는지 알아.

3 Do you see where I'm going with this?
내가 무슨 말 하려는지 알겠지?

2번과 3번 문장에 동사 know가 아니라 see가 쓰인 점에 주의하세요. 앞에서 말했듯이 대화의 목적지(where절)를 위치로 표현했기 때문에 목적지를 '안다'보다는 '보인다'는 뉘앙스가 있는 see로 말해야 합니다.

MP3 #040

A Hey, remember **the other day**[018] when you told me you wanted a boyfriend?

B Yeah, what about it?

A **The thing is…**[009] I want a girlfriend, too.

B **Where are you going with this**, buddy?

A It's just… **I've been meaning to**[056] ask you something.

B Don't do it.

A 저번에 네가 남자친구 있었으면 좋겠다고 한 거 기억나?

B 응, 그래서 뭐?

A 그게 말이야… 나도 여자친구가 있었으면 좋겠어.

B 무슨 말을 하려고 그래?

A 그냥… 전부터 너에게 물어보려고 했는데.

B 하지 마.

What about it? 그래서 뭐?, 그래서 어쩌라고?

REVIEW 2

Ben   **You up for**[029] a beer?

Garam   Nah, I'm already ready for bed.

Ben   **Just throw something on**[028] and come out!
I really need to **blow off some steam.**[025]
I need a friend right now.

Garam   **Where's this coming from?**[039]
You talk as if[022] something happened.

Ben   Something did happen.
I really **screwed up**[027] at work **earlier.**[036]
I think I might get fired.

Garam   Ah, **I've been there.**[031]
All right, let's grab a drink. My treat.

Ben   What? No. **If anything,**[038] it should be my treat.

Garam   **To be fair,**[023] you bought me dinner last time.
It's on me today.

Ben   맥주 한잔할래?

Garam   아니, 나 벌써 잘 준비 다 했어.

Ben   그냥 대충 걸치고 나와!
나 진짜 스트레스 좀 풀어야 되겠어.
지금 친구가 필요해.

Garam   갑자기 왜 그래?
마치 뭔 일 있는 것처럼 말한다?

Ben   뭔 일 있었지.
아까 회사에서 완전 큰 실수를 했어.
잘릴 거 같아.

Garam   아, 나도 그런 적 있어.
알았어. 술 한잔하자. 내가 살게.

Ben   뭐? 아냐. 오히려 내가 사야지

Garam   따지자면 네가 저번에 저녁 샀잖아.
오늘은 내가 산다.

---

get fired 해고되다   **My treat.** 내가 살게.

CHAPTER

2

네이티브에 가까워질 수 있는
인생 표현

041

I'm fine either way.

어찌 됐든 좋아.

두 가지 선택 상황에서 어느 쪽이든 상관없을 때 네이티브는 either way로 말해요. either way는 '어느 길을 택하든 상관없이 끝은 같다', 즉 '둘 중 뭐가 되었든 결과는 같다'는 의미예요. 따라서 '어찌 됐든, 뭐가 됐든, 뭘 하든' 정도로 해석할 수 있어요.

Are we having pizza or hamburgers for lunch? Either way, you're paying, right?
우리 점심 피자 먹을까, 햄버거 먹을까? 뭐가 됐든 네가 사는 거지?

I don't care if you come or not. Either way, I'm going.
네가 오든 말든 상관없어. 어찌 됐든 나는 갈 거야.

문장 앞에 붙여주기만 하면 되어 정말 사용하기 쉽고 유용한 표현이니 꼭 기억해두세요. 참고로 둘 다 괜찮을 때는 I'm fine either way!라고 말해요.

MP3 🎧 #041

A   **Are we still on for** [050] tonight?

B   Yeah, where do you want to meet? Gangnam Station or Seoul National University of Education Station?

A   I'm fine either way.

B   Okay, I'll just **pick you up** [064] after work.

A   Awesome. I seriously need a drink.

B   **Tell me about it.** [086]
    I need to **blow off some steam.** [025]

A   우리 오늘 밤에 보는 거 맞지?

B   응, 어디서 볼래?
    강남역 아니면 교대역?

A   둘 다 상관없어.

B   알았어. 퇴근하고 데리러 갈게.

A   좋다. 나 진짜 술 당겨.

B   내 말이.
    스트레스 좀 풀어야겠어.

after work 일 끝난 후에, 퇴근 후에   **awesome** 기막히게 좋은, 광장한   **drink** 술

042

We meet every other day.

우린 격일로 만나.

'격주, 격월'을 말할 때 biweekly(격주의), bimonthly(격월의)처럼 bi-를 붙여서 표현할 수 있어요. 하지만 이 단어들은 biweekly report(격주 보고)처럼 주로 형용사로 사용되기 때문에 쓰임이 한정적입니다. 그래서 네이티브는 보통 회화에서 every other day(격일로, 이틀마다), every other week(격주로, 2주에 한 번), every other month(격월로, 2달에 한 번), every other year(2년마다)를 더 자주 사용하죠.

We usually meet every other day to study together. 우리는 보통 격일로 만나서 같이 공부해.

It seems like he has a new girlfriend every other week. 걔는 2주마다 여자친구가 바뀌는 거 같아.

I go to a book club every other month. 난 두 달에 한 번 독서모임을 해.

그럼 '3일에 한 번', '4주에 한 번'은 뭐라고 할까요? every 3 days, every 4 weeks와 같이 사용하면 됩니다.

MP3 #042

A Midterms are going to be tough this time.

B **Tell me about it.** 086 What do we do?

A **What do you say** 011 we meet with Bobby every other day and study together?

B I guess it's worth a shot. Let's give it a go. 066

A All right. I'll ask Bobby and get back to you. 019

A 이번 중간고사 완전 힘들 거 같아.

B 그러게 말이야. 어쩌지?

A Bobby랑 이틀에 한 번 만나서 같이 공부하는 게 어때?

B 해볼 만할 거 같아. 한번 해 보자.

A 알았어. Bobby한테 물어보고 다시 연락 줄게.

midterms 중간고사　**tough** 힘든, 어려운　**worth a shot** 한번 해볼 만한　**Alright.** 좋아.. 괜찮아.

109

043

I believe in him.

난 걔를 믿어.

한국어로 '믿는다'는 말은 따로 구분 없이 쓰지만 영어에서는 believe와 believe in으로 구분해서 말해요. 먼저 believe(믿다)는 사실이나 진실 여부를 믿는다고 할 때 써요. 입만 열면 거짓말하는 친구의 말을 못 믿겠다고 할 때는 believe로 말합니다.

I don't believe him. I think he's lying.

걔 말을 못 믿겠어. 거짓말 같아.

I believe you. I'll forgive you this time.

난 너 믿어. 이번에는 용서해 줄게.

반면에 능력이나 존재에 대한 믿음은 전부 believe in으로 말합니다. '신을 믿는다', '난 인간의 선함을 믿는다', '난 내 능력을 믿는다'는 모두 believe in을 사용합니다.

I believe in you! You can do it!

난 널 믿어! 넌 할 수 있어!

He believes in me. I won't let him down.

그는 내가 해낼 거라고 믿어. 그를 실망시키지 않을 거야.

MP3 🎧 #043

A **Something on your mind?** 057

B My boyfriend **left me on read again.** 032
This is the third time this week.

A What was his excuse the last time?

B He told me he had **back-to-back** 063 meetings, but I don't **believe** him.

A **Don't jump to conclusions.** 093
Give him the benefit of the doubt.

A 무슨 일 있어?

B 남자친구가 또 읽고 답이 없어.
이번 주에만 세 번째야.

A 저번에는 뭐라고 변명했어?

B 연달아 회의가 있었다는데
못 믿겠어.

A 섣불리 결론짓지 마.
그냥 믿어줘.

excuse 변명, 이유   **give ~ the benefit of the doubt** ~의 말을 믿어주다

111

044

As of this moment
이 시간부터

'As of 시간'은 '~부로, ~부터'라는 뜻으로 과거, 현재, 미래, 어떤 시제든 함께 써도 되는 매우 간단한 표현입니다. 네이티브는 as of now(지금부터), as of today(오늘부터), as of this moment(이 시간부로, 이 시간부터)를 정말 많이 써요.

As of now, I am no longer single!
지금부터 난 더 이상 솔로가 아니야!

As of today, I'm officially a married woman!
오늘부로 난 공식적으로 유부녀야!

이 중에서도 as of this moment는 정말 많이 쓰이며 '~부로, ~부터'뿐만 아니라 '지금으로서는'의 의미로도 쓰이기 때문에 통째로 외워서 꼭 기억해주세요!

As of this moment, you're fired.
현 시간부로 넌 해고야.

As of this moment, there's nothing I can do.
지금으로서는 내가 할 수 있는 게 없어.

MP3 #044

A **As of this moment,** I'm quitting smoking.

B **For the love of God…**[094] not this again.

A This time, I'm for real.
I'm quitting for good.

B I'll probably get married faster than you quit smoking.

A **You wanna make it interesting?**[108]

A 이 시간부터 난 담배 끊는다.

B 아 제발 좀… 또 시작이네.

A 이번에는 정말이야.
완전히 끊을 거야.

B 네가 금연하는 것보다 내가 결혼하는 게 더 빠르겠다.

A 내기할래?

for real 진짜의, 진심의   **for good** 영원히

045

Just hear me out.

내 말 좀 들어봐.

네이티브는 변명하거나 오해를 풀고자 할 때, 혹은 자기 주장을 내세울 때 Hear me out.이라고 말하며 용건을 꺼냅니다. Hear me out.은 '워워… 내 말도 한번 들어봐, 내 입장도 들어봐, 내 말 끝까지 들어봐'라는 의미입니다.

Just hear me out. I think there's been a misunderstanding.
내 말 좀 들어봐. 오해가 있었던 거 같아.

Let's just hear him out before we jump to conclusions.
섣불리 결론짓기 전에 걔 말을 한번 들어보자.

한 가지 더! 보통 '내 말 좀 들어봐.'라고 하면 Listen to me.를 먼저 떠올리기 쉬운데, Listen to me.(내 말 들어.)는 주로 조언할 때 쓰는 표현입니다.

Listen to me. Don't do this. You're gonna regret it.
내 말 들어. 하지 마. 후회하게 될 거야.

MP3 🎧 #045

A Babe, you went to bed around 10, right?

B Yeah, I got a good night's sleep.

A So… why did you leave a heart on this girl's post at 1 AM?

B Uh… babe… just hear me out before you jump to conclusions.093 My phone's been acting weird for the last couple of days.

A I wasn't born yesterday.109

A 자기야, 어제 10시쯤 잤지?

B 응, 어제 푹 잘 잤어.

A 그러면… 새벽 1시에 왜 이 여자 게시글에 하트 남겼어?

B 어… 자기야… 성급히 결론짓기 전에 내 말 좀 들어봐.
요 며칠 동안 내 핸드폰이 이상했어.

A 누굴 바보로 아나.

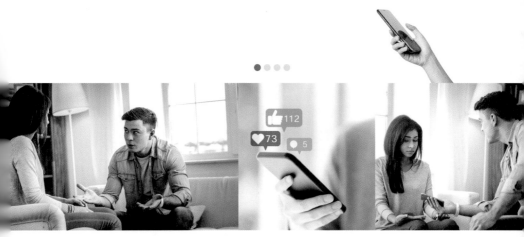

get a good night's sleep 충분한 숙면을 취하다, 푹 자다　　**weird** 이상한

046

Long story short

요약하자면

long story short는 to make a long story short를 줄인 말입니다. 해석하면 '긴 이야기를 짧게 만들자면'이니 '요약하자면, 간단히 말하자면'의 의미가 됩니다. 즉, 말 그대로 중간에 긴 내용을 생략하고 간단하게 혹은 요약해서 결론만 말하고 싶을 때 추임새처럼 앞에 붙이는 표현이죠.

To make a long story short, I got the job!
요약하자면 나 취직됐어.

I pursued her for a year, and long story short, we're dating now!
내가 걔를 1년 동안 쫓아다녔고 요약하자면, 우리 이제 사귀어!

Long story short, he dumped me.
간단히 말하자면, 나 걔한테 차였어.

자주 쓸 수 있는 간단한 표현이지만 주의해야 할 부분은 응용이 불가능하다는 점이에요. 반대로 말하고 싶다고 해서 부정문으로 Don't make a long story short.처럼 쓰지는 않아요.

MP3 🎧 #046

A So what happened, man? **How did it go** ⁰¹³ with Mia yesterday?

B Well, I told her how I felt.

A And? What did she say?

B She played a little hard to get at first, but **I talked her into** ⁰⁶⁰ it. **Long story short,** we're dating!

A Seriously? She said yes? How did you do that? **Walk me through** ⁰⁷¹ what you said. Word for word!

A 그래서 어떻게 된 거야? 어제 Mia랑 어떻게 됐어?

B 뭐, 내 마음을 고백했지.

A 그래서? 걔가 뭐라고 했는데?

B 처음에는 조금 튕겼는데 내가 설득시켰지. 결론부터 말하자면, 사귀기로 했어!

A 진짜? 걔가 좋대? 어떻게 한 거야? 뭐라고 말했는지 나한테 하나하나 설명해봐. 말한 그대로 정확히!

● ● ● ●

play hard to get 튕기다. 까탈스럽게 굴다　　**word for word** 글자 그대로, 정확히 말한 그대로

117

047

What's with you?

너 왜 그래?

What's (up) with ~?는 예상치 못한 등장에 어리둥절하거나 놀랄 때, 평소와는 다른 모습에 당황할 때 물어보는 말입니다. What's (up) with 뒤에는 사람, 사물이 다 나올 수 있는데요. 사람이 오면 평소와 다른 모습에 '쟤 왜 저래?'라는 뜻으로 이해하면 됩니다.

What's (up) with **him?**
쟤 왜 저래?

하지만 사물이 오면 상황에 따라 '웬 ~야?' 또는 '~가 왜 이래?'의 두 가지 뜻으로 파악할 수 있어요. 그래서 상황에 맞게 이해하는 센스가 필요하죠. 참고로 네이티브는 대부분 up을 생략하고 말한답니다.

What's (up) with **the flowers?**
① (갑자기 꽃을 받았을 때) 웬 꽃이에요?
② (집에 꽃이 다 시들었을 때) 꽃이 왜 저래?

What's (up) with **the wine?**
① (평소에 안 마시던 와인을 마시는 친구한테) 웬 와인이야?
② (와인 맛이 이상할 때) 와인이 왜 이래?

MP3 🎧 #047

A   Honey, what's with the cookies?

B   Oh, I was bored, so I tried baking for the first time! Go ahead! Try some! They're chocolate chip!

A   **You can never go wrong with** [087] chocolate chip!

     (A takes a bite.)

     What's with... this bitter taste?

B   I put some red ginseng in there. For you!

A   자기야, 웬 쿠키야?

B   아, 심심해서 처음으로 베이킹 시도해봤어! 어서, 먹어봐! 초코칩 쿠키야!

A   초코칩 쿠키는 항상 옳지!

     (A가 한 입 베어 문다.)

     이 쓴맛은… 뭐야?

B   자기를 위해 홍삼을 조금 넣었어!

bored 지루한, 심심한   **Go ahead!** 어서 해! (허락)   **red ginseng** 홍삼

048

I've thought this through.

나 충분히 고민했어.

고민 있을 때 충분히 생각해 본다고 말하잖아요. '충분히 생각한다'고 하면 think enough라고 할 것 같은데, 네이티브는 think through라고 합니다. through에는 '처음부터 끝까지 쭉'의 뉘앙스가 있어서 think through 하면 '(여러 가지 문제나 가능성에 대해) 처음부터 끝까지 전부 다 충분히 생각하다/고민하다'라는 뜻이 됩니다.

I need to think this through before I do anything.
뭘 하기 전에 먼저 충분히 고민을 해봐야겠어.

참고로 this 같은 대명사가 올 때는 think this through처럼 중간에 넣어서 말하고, 일반명사는 think through 뒤에 넣습니다(#028 인생팁 참고). 이 표현을 부정문으로 말할 경우 '충분히 고민하지 않다'는 뜻이므로 '생각이 짧다'로 의역하면 됩니다.

I'm sorry. I didn't think this through.
미안해. 내가 생각이 짧았어.

혹시 '깊이 생각하다'라는 뜻으로 think deeply라는 표현을 생각했다면 쓰지 않는 것이 좋아요. 정말 거의 안 쓰는 표현이거든요.

MP3 🎧 #048

A Are you sure you want to quit your job?

B Yeah, you only live once, right? I'm gonna travel and maybe start my own company.

A You never think things through .

B You're one to talk.[099] Besides, this wasn't a spur-of-the-moment decision.[119]

A Well, you do you, and I'll do me.[020] I'll always root for[101] you.

A 너 진짜 일 그만둘 거야?

B 응, 어차피 인생은 한 번뿐이잖아? 여행도 좀 하고 사업을 시작할까 해.

A 넌 매사에 충분히 생각을 안 하는 거 같아.

B 사돈 남 말 하시네. 그리고 이거 충동적인 결정 아니었어.

A 그래, 네가 하고 싶은 대로 해라. 난 항상 응원해줄게.

● ● ● ● ●

start one's own company 자기 사업을 시작하다　　**besides** 게다가, 뿐만 아니라

049

I'm coming down with a cold.

나 감기 기운 있어.

감기에 걸린 것은 I have a cold.라고 하죠? 감기 걸리기 전에 '감기 기운이 있다'는 표현은 어떻게 할까요? 감기가 오는 중이므로 네이티브는 감기 기운이 머리부터 쭉 퍼지는 느낌으로 I'm coming down with a cold.라고 현재 진행형으로 말해요.

I think I'm coming down with a cold.
나 감기 기운 있는 거 같아.

보통 come down with 뒤에는 a cold(감기)를 붙여 말하지만, 몸이 안 좋은데 정확히 뭐 때문인지 모르는 경우에는 something(무언가)을 붙여 말하기도 해요.

Are you coming down with something?
You look pale. 어디 안 좋은 거 아니야? 창백해 보여.

인생팁 **감기 증상과 관련된 표현 알아보기**
증상 명칭에는 항상 관사 a를 써야 합니다.
I have a fever. 열이 나.
I have a runny nose. 콧물이 나와.
I have a sore throat. (감기) 목이 아파.

MP3 #049

A Hey, **are we still on for** ^050 dinner tonight?

B I'm sorry. I think I'm coming down with something.

A Ahh... **that's a bummer.** ^015 How about next Friday?

B I'm gonna have to **get back to you on that** ^019 as well. **I still haven't gotten** my next week's work schedule **yet.** ^059

A 야, 우리 오늘 저녁에 보는 거지?

B 미안해. 나 몸이 좀 안 좋아.

A 아… 아쉽다. 다음 주 금요일은 어때?

B 그것도 나중에 다시 연락 줘야겠다. 다음 주 근무 스케줄을 아직 못 받았거든.

● ● ● ●

as well ~도, 또한

050

Are we still on for tonight?

우리 오늘 밤에
보는 거 맞지?

미리 정한 약속에 변동이 없는지 확인할 때 네이티브는 Are we still on for ~?로 물어봅니다. 여기서 주의해야 할 점은 한국어와 달리 영어는 '활동(무엇) → 시간(언제)'의 순서로 말한다는 점이에요! 그리고 이 말은 언제가 중요하니까 무엇에 해당하는 활동 표현은 종종 생략해서 말한답니다.

Are we still on for **tonight?**
우리 오늘 밤에 보는 거 맞지?

Are we still on for **drinks tomorrow?**
우리 내일 술 마시는 거 맞지?

이 표현은 대부분 질문으로 사용되지만 가끔은 어떤 일정이 진행될지 안 될지 몰랐다가 진행되기로 결정됐을 때 그 소식을 전달하기 위해 We're on for ~ (우리 ~하기로 했어) 형태로 쓰기도 해요.

We're on for **the meeting tomorrow.**
(방금 결정된 내일 회의에 대해 동료에게 전달) 내일 회의를 하기로 했어.

MP3 🎧 #050

A **We're still on for** dinner Thursday, right?

B About that… I don't think I can **make it.** 004

A What? Are you bailing on me again?

B **Just hear me out.** 045
I have a really important client flying in from Singapore.

A This sucks. We haven't had a date night in over 2 weeks.

B I'll make it up to you. I swear.

A 우리 목요일 저녁에 보는 거 맞지?

B 그게… 나 못 갈 거 같아.

A 뭐? 또 나 바람맞히는 거야?

B 내 말 좀 들어봐.
싱가포르에서 정말 중요한 고객이 와.

A 너무한다. 우리 2주 넘게 데이트도 못 했어.

B 꼭 만회할게. 맹세해.

● ● ● ●

bail on (데이트 약속을) 어기다, 바람맞히다   **client** 고객   **suck** 엉망이다, 불쾌하다
make up to ～에게 보상하다

051

I can pull this off.

나 해낼 수 있을 것 같아.

'난 할 수 있어.' 하면 보통 I can do it.을 떠올리지만, 네이티브는 I can pull it off.도 많이 써요. 거의 모든 미국 드라마나 영화에서 꼭 등장하는 대사죠. pull off는 '(무언가 힘든 일을) 해내다, 성사시키다'라는 뜻으로 어려운 일을 해낸다는 표현이에요.

We pulled off the deal.
우리가 그 계약을 성사시켰어.

pull off 앞에 can/can't를 붙여 '해낼 수 있다/없다'는 뜻으로 많이 써요.

I can pull this off. I've practiced enough.
난 해낼 수 있어. 충분히 연습했어.

You can't pull this off. It's impossible.
넌 해낼 수 없어. 이건 불가능한 일이야.

인생팁 **pull off의 다른 의미 알아보기**

pull off는 '해내다, 성사시키다' 말고 다른 의미도 있는데요. 옷이나 의류, 액세서리가 목적어로 들어가면 '소화해 내다, 잘 어울리다'라는 의미가 됩니다. 이 의미로도 자주 쓰이니까 함께 알아두세요.

Do you think I can **pull off** these pants? 내가 이 바지를 소화할 수 있을까?

MP3 🎧 #051

A What are you wearing, bro?

B Neat, huh? I bought it **the other day**.[018]

A It's way too flashy. Who do you think you are, Wonbin?

B I think I **pull it off**.

A **You do you,**[020] bro. Anyway, where's Ben?

B **Beats me.**[008] I guess he's running late.

A 너 뭐 입고 있는 거냐?

B 멋있지? 며칠 전에 샀어.

A 너무 화려한데.
네가 뭐 원빈이냐?

B 난 잘 어울리는 거 같은데.

A 네 마음대로 해.
그나저나 Ben은 어디 있나?

B 글쎄. 늦나 보지.

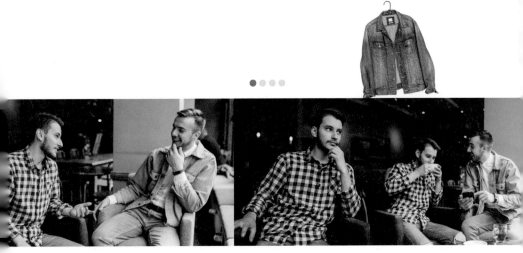

● ● ● ●

neat 굉장한, 멋진   **flashy** 화려한   **run late** 늦다

127

052

I'll see what I can do.

한번 알아볼게.

'한번 알아볼게.'라는 말에는 두 가지 뉘앙스가 있습니다. 먼저, 일상에서 많이 쓰는 '한번 알아볼게.'는 '뭔가가 가능한지 알아보겠다'는 의미예요. 이때는 I'll see what I can do.라고 말합니다. 예를 들어 친구가 소개팅을 좀 시켜달라고 부탁하면 그에 대한 대답으로 알맞은 표현이죠.

I'll see what I can do, but don't get your hopes up. 내가 한번 알아볼게. 근데 너무 기대하지는 마.

둘째, 수사 드라마에서 용의자의 알리바이를 확인하는 상황에서 '한번 알아볼게.'는 '정보를 알아보겠다'는 의미죠. 이럴 때는 I'll look into it.라고 말해야 해요.

I'll look into it and get back to you. 한번 알아보고 다시 연락 줄게.

정리하면 가능한지 알아볼 때는 I'll see what I can do.라고 말하고, 정보를 알아볼 때는 I'll look into it.라고 말해요. 꼭 구분해서 기억해주세요.

MP3 #052

A Hey, the boss asked me to find him a nice seafood restaurant for his anniversary dinner.
Do you know any?

B No, but you seem busy. **I'll look into it.**

A **You're a lifesaver!**[026]
By the way, there's something wrong with my computer.
Do you know how to fix it?

B **I'll see what I can do.**

A 부장님이 자기 기념일이라고 괜찮은 해산물 레스토랑 좀 찾아달라고 하네.
혹시 아는 곳 있어?

B 아뇨, 근데 바빠 보이시네요.
제가 한번 알아볼게요.

A 덕분에 살았어!
그런데 내 컴퓨터가 좀 이상해.
혹시 고칠 줄 알아?

B 제가 한번 볼게요.

anniversary 기념일   **fix** 고치다

053

This is by far the best day ever.

단연코 최고의 날이야.

'압도적으로 최고다!' 이런 말을 영어로 어떻게 표현하면 좋을까요? 네이티브는 이 럴 때 by far를 사용해서 의미를 강조합니다. by far는 '훨씬, 단연코'의 의미로 형용 사/부사의 최상급을 강조하는 표현이에요.

That was by far the best movie I've ever seen!
내가 본 영화 중 단연 최고였어!

같은 뜻의 표현이 하나 더 있는데요. hands down도 by far처럼 '훨씬, 단연코'의 의 미로 강조하는 표현이에요. 이 표현은 경마에서 유래되었어요. 1등으로 달리고 있는 말이 큰 격차로 이기고 있어 기수가 손을 놓아도 이긴다는 뜻에서 생겼다고 해요.

You are hands down the nicest guy I know.
내가 아는 사람들 중 네가 단연코 가장 착해.

인생팁 **hands down의 다른 의미 알아보기**
hands down은 '훨씬, 단연코'의 뜻 외에 다른 용도가 있어요. 두 가지의 선택지 중 생각할 것도 없이 하나 가 압도적일 때 '고민할 것도 없이, 당연히'라는 뜻으로 사용됩니다.
A: What do you like, *Jjajang* or *Jjamppong*? 짜장이 좋아? 짬뽕이 좋아?
B: *Jjamppong*, **hands down**! 짬뽕이지, 당연히!

MP3 🎧 #053

A Wait… So he buys you little gifts **from time to time?** [095] **No strings attached?** [069]

B Yeah, he is hands down the nicest guy I know!

A There's no way he's just nice. **I have a gut feeling** [016] he has a crush on you!

B Really? You really think so?

A **Duh!** [081] Try not to **lead him on** [092] if you don't feel the same way.

A 잠깐만… 그래서 걔가 가끔 작은 선물을 사준다고? 바라는 것 없이?

B 응, 걔는 내가 아는 사람 중 단연코 가장 착한 사람이야!

A 그냥 착해서 그럴 리 없어. 내 촉으론 걔가 너 좋아하네!

B 진짜? 정말 그런 거 같아?

A 당연한 거 아냐? 너도 걔 좋아하는 거 아니면 헛된 희망 주지 마.

● ● ● ●

nice (사람이) 좋은, 착한   **There's no way (that) ~** ~일 리가 없다
have a crush on ~에게 반하다

131

054

I can't tell you how happy I am.

얼마나 행복한지 몰라.

I can't tell you는 한국어랑 비슷하게 '말로 다 표현할 수 없다'는 뜻입니다. 뒤에는 보통 'how + 형용사 + 주어 + be동사' 패턴이 이어지죠. 이 두 표현이 합쳐져서 'I can't tell you how ~'라고 하면 '얼마나 ~한지 몰라, 너무 ~해서 말로 다 표현할 수 없어'의 의미가 됩니다.

I can't tell you how happy I am.
얼마나 행복한지 몰라.

I can't tell you how scary it was.
얼마나 무서웠는지 몰라.

자신의 형언할 수 없는 감정을 나타낼 때 쓰면 딱인 표현이에요.

인생팁 **I can't tell you how ~를 과거형으로 말하기**

'얼마나 ~했는지 몰라'로 과거의 일을 이야기하고 싶을 때는 can't를 couldn't로 바꾸는 게 아니라 how 뒤에 오는 be동사를 과거형으로 바꿔 말하면 됩니다.

I couldn't tell you how happy I am. (✗)

→ **I can't tell you how** happy I **was**. (O) 얼마나 행복했는지 몰라.

MP3 🎧 #054

A I didn't **think this through**.⁰⁴⁸
   I think I **screwed things up** ⁰²⁷ with
   Mia.

B What happened?

A I made a grand gesture… I forgot
   she hates drawing attention to
   herself.

B I see. She must've been flustered.

A But every time I see her, I just want
   to do things for her.
   I can't tell you how beautiful she is.

A 내가 생각이 짧았어.
   Mia랑 틀어진 것 같아.

B 무슨 일인데?

A 내가 큰 이벤트를 했어. 걔가
   이목이 집중되는 거 싫어하는
   걸 까먹고 말이야.

B 그랬구나. Mia가 많이
   당황했겠다.

A 하지만 Mia를 보고 있으면
   자꾸 무언가를 해주고 싶어.
   얼마나 예쁜지 몰라.

draw attention to ~에 주의를 끌다   **must have p.p.** ~임에 틀림없다
be flustered 당황하다, 허둥대다

055

Good thing I went.

가길 잘했다.

'Good thing (주어 + 동사)절'은 직역하면 '~한 게 좋은 거다'라는 의미로 '~해서 다행이다, ~하길 잘했다'로 의역할 수 있어요. 원래는 It's a good thing ~인데 회화에서는 It's를 자주 생략해서 말해요.

It's a good thing you're here. I need your help.
네가 있어서 다행이야. 네 도움이 필요해.

Good thing I brought cash with me today.
오늘 현금을 챙겨 와서 다행이다.

비슷한 표현으로 'It's a relief to 동사'가 있는데요. '~해서 다행이다'라는 의미로 안심이 된다는 뉘앙스가 담겨 있어요.

It's a relief to hear that.
그 소식을 듣게 되어 다행이다. (그 소식을 들으니 마음이 놓인다.)

인생팁 **It's a good thing ~ 과거형으로 말하기**
시제를 바꿀 때 뒤에 오는 절의 시제만 바꾸고 앞에 있는 It is는 그대로 둬도 됩니다.
It's a good thing I went. 가길 잘했다.

MP3 #055

A **What's with** ⁰⁴⁷ your face?

B I'm starving. I haven't had lunch yet.

A Really? I actually have some cookies I baked at home. You want some?

B Wow! Yeah, of course!

A Good thing I brought some from home. Just a heads up. They're a bit bitter.

A 표정이 왜 그래?

B 배고파 죽겠어. 아직 점심을 못 먹었거든.

A 그래? 집에서 만든 쿠키가 좀 있는데. 먹을래?

B 왜! 당연하지!

A 집에서 가져오길 잘했네. 근데 미리 얘기하지만, 조금 써.

starving 엄청 배고픈　　**just a heads up** (조심하라는 뜻으로) 미리 알려주다　　**bitter** 맛이 쓴

135

056

I've been meaning to do it.

전부터 하려고 했었어.

하려고 했던 일을 아직 못 하고 있을 때 '~하려고 했었어'라고 말하잖아요. 이처럼 과거부터 생각하고 있던 일을 아직 실행에 옮기지 못했을 때 네이티브는 I've been meaning to ~ (~하려고 했었어) 패턴을 자주 사용합니다. 이는 '과거부터 현재까지 (have been -ing) 의도하다(mean to)', 즉 '(예전부터, 한동안) ~하려고 계속 생각해 왔다'는 의미로, 아직 실행하지는 않았다는 것이 중요한 포인트입니다.

I've been meaning to start studying English.
(전부터 계속) 영어 공부를 시작하려 했었어.

이 표현에서 meaning to를 wanting to로 바꿔 '계속 ~하고 싶었어'로 활용할 수 있어요.

I've been wanting to ask you something.
너한테 예전부터 물어보고 싶은 게 있었어.

> **인생팁** '하려던 참이었어' I've been meaning to vs. I was about to 뉘앙스 파악하기
>
> I've been meaning to ~가 '~하려고 계속 생각하고 있었다'라면 I was about to ~는 '막 ~하려던 참 이었다'로 짧은 순간의 결정이나 행동을 말할 때 씁니다.
>
> **I've been meaning to** call you. 늘 너한테 전화해야지 했었는데.
>
> **I was about to** call you. 막 너한테 전화하려던 참이었어.

MP3 #056

A You left me on read [032] again yesterday!

B Sorry. I've been meaning to get back to you. [019] I've just been swamped.

A I know you're busy, but check your phone from time to time. [095]

B Okay, I promise I won't leave you on read. [032]

A I'm gonna hold you to that. [073]

A 너 어제 또 내 문자 읽고 답 안 했어!

B 미안, 다시 연락하려고 했었는데. 너무 바빴어.

A 바쁜 건 알지만 가끔 핸드폰 확인 좀 해.

B 알았어, 앞으로 읽씹 안 한다고 약속해.

A 약속 지키는지 볼 거야.

swamped 눈코 뜰 새 없이 바쁜

057

Something on your mind?

고민 있어?

'고민' 하면 가장 먼저 떠오르는 표현이 worry 혹은 problem일 거예요. 하지만 네이티브는 '고민이 있다'는 말을 have worry보다는 '마음에 무언가가 있다'고 표현합니다. 그래서 '고민 있어?' 혹은 '무슨 일 있어?'를 Is there something on your mind?라고 표현하죠. 여기서 진짜 네이티브같이 말하려면 Is there은 생략해주는 센스!

(Is there) Something on your mind? You look worried.
뭐 고민거리 있어? 걱정이 있어 보여.

'고민'이라는 단어가 좀 어색하다면 '신경 쓰이는 일' 정도로 의역해도 괜찮아요. 가령 '요즘 좀 신경 쓰이는 일이 많았어.'라고 하려면 something을 a lot으로 바꿔주면됩니다.

I've had a lot on my mind lately.
최근에 신경 쓰이는 일이 많았어.

What's on your mind?도 많이 사용되니 두 가지 패턴 모두 기억하는 게 좋습니다!

What's on your mind? You seem down.
무슨 고민 있어? 다운되어 보이네.

MP3 #057

A **Something on your mind?**

B I've been **studying my ass off** [072] for this test... but what if I don't pass?

A Well, **let's cross that bridge when we get to it.** [070] All you can do right now is study hard and try your best.

B You're right. Thank you.

A Besides, I'm sure you'll **crush it!** [006]

A	무슨 고민 있어?
B	이번 시험을 위해 진짜 미친 듯이 공부했는데… 떨어지면 어떻게 하지?
A	그건 그때 가서 생각하자. 지금은 열심히 공부하고 최선을 다하는 수밖에 없잖아.
B	네 말이 맞아. 고마워.
A	그리고 너라면 완전 잘하고 올 거야!

● ● ● ● ●

pass 통과하다, 합격하다　　**try one's best** 최선을 다하다　　**besides** (접속사) 그리고, 게다가

139

058

Read
the room!

눈치 좀 챙겨!

'눈치'라는 단어는 한국적인 표현이기 때문에 영어로 딱 떨어지는 표현이나 단어는 없어요. 그래서 상황에 담긴 뉘앙스를 파악해서 표현하는 것이 중요합니다. 먼저 눈치가 없는 사람에게 눈치 줄 일이 있다면 Read the room!(분위기 파악 좀 해!)이라고 하면 됩니다.

Read the room! She's crying right now.
눈치 좀 챙겨! 얘 지금 울고 있잖아.

또 다른 뉘앙스로 '눈치가 있다'는 표현은 정확하게 말을 안 해도 힌트만으로 알아 듣는다는 의미이므로 can/can't take a hint(눈치가 있다/없다)로 표현할 수 있어요.

Don't worry. I can take a hint.
걱정 마. 나도 눈치가 있어.

마지막으로 눈치를 보는 상황이 마치 깨지기 쉬운 계란껍질 위를 걷는 것 같다고 묘사한 walk on eggshells around ~ (~의 눈치를 보다)도 사용해보세요.

You don't have to walk on eggshells around me.
내 눈치 안 봐도 돼.

MP3 🎧 #058

(A and B are at a party, and A sees her ex-boyfriend.)

A   Oh, my God. What is Chris doing here?

B   Nelly must've invited him… but you don't have to walk on eggshells around him.

C   Hey! You guys made it!⁰⁰⁴ Where's Chris? Are you guys gonna tie the knot anytime soon?

B   Buddy, read the room.

(A와 B가 파티에 왔는데 A의 전 남자친구가 보인다.)

A   아오, Chris는 여기 왜 왔지?

B   Nelly가 초대했나 봐… 근데 네가 걔 눈치 볼 필요 없잖아.

C   예! 너희도 왔구나. Chris는 어디 있니? 너희 결혼은 안 하니?

B   야, 분위기 파악 좀 해.

tie the knot 결혼하다   **anytime soon** (부정문, 의문문에서) 곧

059

I haven't finished my work.

아직 일 못 끝냈어.

'아직 안 했다, 아직 못 했다'라는 말을 할 때, not만 넣어 부정문으로 말하면 된다고 생각하나요? 네이티브는 안 했거나 못 한 것에 '아직'이 들어가는 순간 현재완료 부정문(haven't p.p.)을 써서 말합니다.

You still haven't seen the new Avengers movie yet?

너 아직도 새로 나온 어벤져스 영화 못 봤어?

'아직'이라는 뉘앙스를 포함하고 있는 현재완료 부정문에 굳이 still이나 yet를 쓸 필요는 없지만 실제로는 '아직'이라는 의미를 강조하기 위해 많이 쓴답니다. 무엇보다 꼭 기억해야 하는 점은 바로 시제예요. 현재완료형으로 말해야 한다는 거죠!

I haven't had lunch yet. You wanna grab some food?

나 아직 점심 못 먹었는데. 뭐 좀 먹을래?

MP3 🎧 #059

A Hey, **something on your mind?** 057

B Yeah, I **screwed up** 027 at work today.
I've been working here for over a year, and I'm still learning the ropes.

A Oh, **I've been there.** 031 Don't worry, buddy. I **believe in** 043 you.

B Thanks.

A **I take it** 005 **you still haven't had dinner yet**?
Come on. Let's grab a bite. **What do you say?** 011

A 무슨 고민 있어?

B 응. 회사에서 오늘 실수했어.
여기서 일한 지 1년이 넘었는데 아직도 요령을 익히는 중이야.

A 나도 그런 적 있어. 걱정 마, 친구야. 난 널 믿어.

B 고마워.

A 보아하니 아직 저녁도 안 먹었구나?
가서 뭐 좀 먹자. 어때?

● ● ● ●

learn the ropes 요령을 익히다　　**grab a bite** 간단히 먹다, 요기하다

060

He talked me into it.

걔한테
설득당했어.

우리는 '설득하다'라는 단어를 영어로 convince라고 배웠는데요. 실제로 네이티브는 회화에서 'talk 누구 into -ing' 식으로 자주 말해요. 이 표현은 '~하도록 누구를 설득하다'라는 의미입니다. 반대로 '~하지 않도록 설득하다'라고 말하려면 into를 out of로 바꿔서 말하면 됩니다.

I talked Dave into coming with us.
Dave한테 우리랑 같이 가자고 설득했어.

He talked me out of quitting my job.
걔는 내가 퇴사하지 않도록 설득했어.

인생팁 **'trick/guilt/bribe 누구 into -ing' 활용하기**

talk를 다른 동사로 바꿔서 쓸 수도 있어요. 무엇을 하도록 누구를 속였으면 trick, 죄책감이 들게 했다면 guilt, 뇌물을 줬다면 bribe 등으로 활용할 수 있답니다.

I pretended to go for a walk and **tricked** my dog **into** going to the vet.
산책가는 척하면서 우리집 강아지를 속여서 동물병원에 데려갔어.

I **guilted** him **into** helping me.
나는 불쌍한 척하면서 걔가 나를 도와주게 만들었어.

You can't **bribe** me **into** this.
아무리 뇌물로 꼬셔도 난 (이걸) 안 할 거야.

MP3 #060

(High school reunion)

A You **made it!**004
I thought you said you couldn't **make it**004 tonight.

B Yeah, Dave talked me into coming.

A Well, **it's a good thing**055 you came cuz we missed you! You hungry?

B Yeah, I **haven't had** dinner **yet.**059

A Well, grab something to eat. We're **hitting the bar**007 in an hour!

(고등학교 동창회)

A 왔구나!
너 오늘 못 온다며.

B 응. 근데 Dave한테 설득당했어.

A 오길 잘했어.
다들 너 보고 싶어 했거든.
배고프냐?

B 응. 아직 저녁 못 먹었어.

A 그럼. 뭐 좀 빨리 먹어.
1시간 뒤에 바에 갈 거야!

reunion 동창회   **cuz** 왜냐하면(= because)   **miss** 그리워하다, 보고 싶어 하다
grab 급히/간단히 먹다

REVIEW 3

앞에서 배운 진짜 미국식 영어 표현을
이해해 보세요.

Songyi   **What's with** [047] you today?
You haven't even touched your food **yet.** [059]
Are you **coming down with a cold?** [049]

Dave   I got into a big fight with my Mary.
Long story short, [046] I think it might be over.

Songyi   Tell me what happened.

Dave   I had dinner with a female friend and lied about it.
I **didn't think it through.** [048]
Can you talk to her? **Talk her into** [060] hearing me
out? [045]

Songyi   **I'll see what I can do.** [052]
Good thing [055] you have me as a friend.

Dave   Thank you! You are **by far** [053] the best friend I've
ever had.
By the way, **are we still on for** [050] Friday night?

Songyi	너 오늘 왜 그래?
	아직 음식에 손도 안 댔잖아.
	감기 기운 있어?
Dave	Mary랑 크게 싸웠어.
	결론부터 얘기하자면 우리 끝난 거 같아.
Songyi	무슨 일이 있었는지 말해봐.
Dave	여사친이랑 저녁 먹었는데 거짓말했어.
	생각이 짧았지.
	네가 걔랑 얘기 좀 해줄래? 내 말을 한번 들어보라고 설득해줘.
Songyi	한번 얘기해 볼게.
	날 친구로 둔 걸 다행인 줄 알아.
Dave	고마워! 넌 단연코 내 최고의 친구야.
	그나저나 우리 금요일 저녁에 보는 거지?

---

get into a big fight with ~와 크게 싸우다　　**be over** 끝내다, 끝나다

I'm torn.

고민돼.

I'm torn (between A and B)은 네이티브가 둘 중 하나를 선택해야 해서 고민일 때 많이 쓰는 말이에요. tear는 동사로 '찢다'는 뜻인데 과거시제는 tore, 과거분사는 torn이죠. 그래서 I'm torn은 '내가 두 조각으로 찢어졌다'는 뜻으로 '두 가지 옵션 사이에서 고민하고 있다'는 의미가 됩니다.

I'm torn between **love** and **career**.
사랑과 커리어 사이에서 고민 중이야.

한 가지 더! between A and B는 넣어도 되고 맥락상 생략도 가능하다는 점을 기억 해 주세요!

I'm torn... should I get *Jjamppong* or *Jjajang*?
고민돼… 짬뽕 먹을까, 짜장 먹을까?

I'm torn. I don't know what to do.
고민이야. 어떻게 해야 할지 모르겠어.

MP3 🎧 #061

A	**Something on your mind?**[057]	A	무슨 고민 있어?
B	I just got a huge promotion.	B	방금 승진했어.
A	What? Congratulations, man!	A	뭐? 야, 완전 축하해!
B	But if I take it, I have to move to England.	B	근데 승진을 수락하면 영국으로 가야 돼.
A	Ah… so you're torn between keeping your relationship and your career?	A	아… 그래서 연애를 유지하냐 커리어냐를 두고 고민이구나.
B	Yup. I told my boss I'll sleep on it.[075]	B	응. 회사에는 하루만 더 고민해 보겠다고 말해놨어.

UNDERGROUND

get a promotion 승진하다   **take** 받다, 받아들이다   **relationship** (연인) 관계

Don't half-ass it.

대충대충 하지 마.

'대충 하다'라는 말을 네이티브는 비속어가 섞인 친근한 표현인 half-ass라고 많이 말합니다. 여기서 ass는 '엉덩이'가 아니라 '당나귀'를 뜻하는데요. 일을 도맡아 하는 당나귀가 일하지 않는 말과 반반 섞여서 일을 제대로 못한다는 의미에서 half-ass가 유래되었다고 해요. half-ass는 동사 표현이고, half-assed라고 쓰면 형용사처럼 쓸 수 있어요. 가령 a half-assed report라고 하면 '대충 쓴 보고서'를 말해요.

Did you half-ass this report? There are so many typos!

이 보고서 대충 썼니? 오타가 왜 이리 많아?

조금 더 차분한 표현으로 말하고 싶다면 phone in이라고 해도 좋습니다. phone in 에 목적어를 쓸 때 대명사는 중간에, 일반명사는 뒤로 빼줘야 합니다!

You're phoning it in!

너 대충 할래! (너는 대충 하고 있어!)

I can't phone in this report. It's too important.

이 보고서는 대충 할 수 없어. 너무 중요해.

MP3 🎧 #062

A My English isn't improving.
Maybe I should give up.

B Duh![081] You've been half-assing it.
You can improve if you really put
your mind to it.[079]

A Really? You think so?

B Why don't you try Real Life_Eng?
You can't go wrong with[087] it.
I've been using it for 4 months and
counting![105]

A 영어가 안 늘어.
그냥 포기할까 봐.

B 당연하지! 네가 대충 했잖아.
진짜 마음 먹으면 늘 수 있어.

A 진짜? 그럴까?

B '인생영어' 한번 해보지 그래?
그거는 실패할 일 없어.
난 지금 4개월째 이용 중이야!

• • • •

improve 나아지다, 향상시키다
You think so? 그렇게 생각해? (Do you think so?에서 Do를 생략한 구어체 표현)

063

I have back-to-back classes.

연달아 계속 수업이 있어.

back to back은 말 그대로 '하나가 끝나자마자 뒤에 등을 맞대고 하나가 더 있는'이라는 뜻이에요. '2번 연속'을 2 times in a row라고 할 수도 있지만 네이티브는 back to back으로도 말해요. back to back은 형용사여서 대부분 명사 앞에 쓰입니다.

Sorry I kept you waiting. I was in back-to-back meetings.
기다리게 해서 죄송합니다. 연달아 회의가 있었어요.

Korea won back to back gold medals in taekwondo.
한국은 태권도에서 연달아 금메달을 땄다.

'3번 연속'은 back to back to back이라고 하며 연달아 계속 무언가가 있다고 강조하기 위해 back to back to back to back…과 같이 얘기하기도 해요.

I had back-to-back-to-back-to-back-to-back classes.
오늘 수업이 연달아 쭈~~~욱 있었어.

MP3 🎧 #063

A Imma ⁰⁰¹ get going.
I have **back-to-back** tests tomorrow.
I gotta ⁰⁰² hit the books. ⁰⁰⁷

B But wait. Are we still on for ⁰⁵⁰ tomorrow night?

A Yeah, as soon as I'm done with the tests, let's hit the bar. ⁰⁰⁷
First, I gotta ⁰⁰² know all this by heart ¹¹⁰ before the test!

B I jotted down ⁰⁸⁴ some notes during class if you need them.

A 나 가볼게.
내일 시험이 연달아 있어.
가서 공부해야겠어.

B 잠깐만… 우리 내일 저녁에 보는 거 맞지?

A 응. 시험 끝나자마자 술 마시러 가자.
일단 시험 보기 전에 이걸 다 달달 외워야 돼!

B 수업 시간에 내가 노트 필기 좀 해놨는데 필요하면 말해.

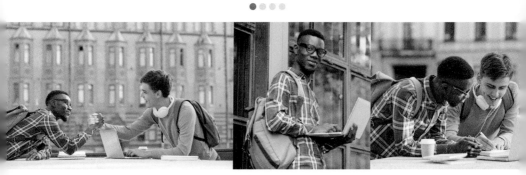

as soon as ~하자마자   **be done with** ~을 끝내다

064

I'll drop you off.
데려다줄게.

'누구를 데려다준다'고 할 때는 'drop 누구 off'라고 말해요. drop(두다, 내려놓다)에 off 를 붙이면 '(차로 목적지에) 데려다주다, 내려주다'의 의미가 되죠. 특정 지점에 내려달라고 요청하고 싶다면 'at 장소'를 뒤에 붙여 말하면 됩니다.

Please drop me off here.
여기서 내려주세요.

Can you drop me off at the intersection ahead?
저 앞에 있는 교차로에서 내려줄래요?

반대로 누구를 데리러 가는 건 'pick 누구 up'이라고 해요. 특정 지점에 데리러 간다고 할 때는 똑같이 'at 장소'를 쓰면 됩니다.

I'll pick you up at your place.
내가 너희 집으로 태우러 갈게.

인생팁 '데려다주다' give 누구 a ride vs. drop 누구 off 뉘앙스 알아보기

'give 누구 a ride'도 '데려다준다'는 의미이지만, 차로 특정 장소에 데려다주는 뉘앙스가 강해요. 한편 'drop 누구 off'는 가는 길에 데려다주거나 내려주는 거죠.

I'll **give you a ride** to school. 내가 학교에 데려다줄게.

I'll **drop you off** on the way. 내가 가는 길에 데려다줄게.

MP3 #064

(A and B were on a blind date.)

A Well, where do you live?
I'll drop you off .

B No, it's quite all right.
I live pretty far away.

A I insist. Let me drop you off .
No strings attached.[069]

(at B's place)

B It goes without saying that I had
a great time tonight.
Sleep tight. I'll text you tomorrow.

A **I'm gonna hold you to that.**[073]

(A와 B는 소개팅 중이었다.)

A 어디 사세요?
제가 데려다 드릴게요.

B 아니에요. 정말 괜찮아요. 제가
좀 멀리 살거든요.

A 아니에요. 제가 모셔다 드릴게요.
바라는 게 있어서 그러는 거
아니에요.

(B의 집 앞에서)

B 말할 필요도 없겠지만 저는
오늘 정말 즐거웠어요.
잘 자요.
내일 문자 드릴게요.

A 진짜죠? 지키는지 볼 거예요.

● ● ● ●

far away 멀리 떨어져   **It goes without saying that ~** ~은 말할 필요도 없다, ~하는 게 당연하다
Sleep tight. 잘 자.   **text** 문자를 보내다

065

Here's the bottom line.
결론은 이거야.

the bottom line은 '결론, 최종 결과, 최종 금액' 정도의 의미인데요. 영수증 가장 밑 줄에 최종 금액이 명시된 것에서 비롯되었다고 해요. 이 표현은 또한 네이티브가 최종 발언을 하기 전에 주의를 집중시키기 위해 추임새처럼 엄청 자주 사용해요. Here's the bottom line.(최종 발언을 하겠습니다.) 이렇게 말이죠.

What's the bottom line?
결론이 뭐야?

Here's the bottom line.
결론은 이거야.

만약 '결론은 ~야'라고 말하고 싶으면 영어로도 똑같이 The bottom line is (that) ~ 라고 하면 돼요. 앞에 정관사 꼭 챙겨주세요!

The bottom line is that he is on my side.
중요한 것은 걔는 내 편이란 거야.

MP3 #065

A So here's the bottom line.
I don't think I can make it [004] to your birthday next week.

B That's a bummer. [015]
You're really that busy with work?

A Yeah… I'm still at the office even as we speak. [090]

B I've been there. [031]
You should take a break every so often. [095]

A Thanks, man, and I'm sorry.

A 그래서 결론은 이거야.
다음주 네 생일에 못 갈 거 같아.

B 정말 아쉽다.
진짜 일이 그렇게 바빠?

A 응… 지금 이 순간에도 아직 사무실이야.

B 나도 그런 적이 있었지.
가끔 쉬어 가면서 해.

A 고맙다. 그리고 미안해.

take a break 잠시 쉬다

066

Can I give it a go?

내가 한번 해봐도 돼?

영어는 명사 중심의 언어예요. 그래서 '(무엇)을 시도하다'는 동사 try를 쓰지만 '그냥 시도해보다, 한번 해보다'와 같이 목적어가 중요하지 않은 경우에는 명사를 활용한 표현인 give it a go/try/shot/whirl로 많이 말합니다. 여기서 명사 go, try, shot, whirl은 어떤 것이든 마음대로 골라 쓰면 돼요.

Can I give it a go?
내가 한번 해봐도 돼?

또한 '다시 시도해보다'라고 말할 때 네이티브는 again을 붙이기보다 a를 another로 바꿔서 give it another shot과 같이 표현해요. 그리고 go, try, whirl과 달리 shot은 목적어로 it 대신 사람을 넣어서 '(누구)에게 기회를 주다'라는 의미로도 사용됩니다.

You should give him another shot.
걔한테 다시 한 번의 기회를 줘.

MP3 🎧 #066

A I'm sorry. I really **screwed up**.027
   I **didn't think things through**.048

B This isn't the first time you lied to me.
   I don't **believe**043 you anymore.

A Just give me another shot.
   I won't let you down.

B Sorry **is not gonna cut it**.097

A 미안해. 내가 정말 실수했어.
   내가 생각이 짧았어.

B 네가 나한테 거짓말한 게 이번이 처음이 아니잖아.
   이제 너를 못 믿겠어.

A 한 번만 다시 기회를 줘.
   실망시키지 않을게.

B 미안하다는 말로는 부족해.

lie 거짓말하다   **let 누구 down** ~를 실망시키다

067

For what it's worth

위로가 될지
모르겠지만

For what it's worth는 '지금 내가 하는 이 말의 값어치가 얼마나 될지는 모르겠지만' 이란 뜻으로 의역하면 '이 말이 위로가 혹은 도움이 될지는 모르겠지만 그래도 말하겠다' 정도로 이해하면 됩니다. 문장 앞에 붙여주기만 하면 되는 filler phrase예요. 네이티브가 가장 흔하게 하는 말은 For what it's worth, I'm sorry.입니다.

For what it's worth, I am sorry.
이게 위로가 될지 모르겠지만, 정말 유감이에요.

For what it's worth, be careful.
이게 도움이 될지는 모르겠지만, 조심해.

For what it's worth, I think he may be right.
도움이 될지 모르겠지만, 내 생각에는 걔가 맞는 거 같아.

인생팁 **위로할 때 쓰기 좋은 표현 알아보기**
힘든 일을 겪고 있는 친구에게 위로하기 좋은 표현도 같이 가져가세요.
It'll get better. 좋아질 거야.
You'll get through this. 넌 이걸 이겨낼 거야.
You did the right thing. 넌 올바른 선택을 한 거야.

MP3 #067

A I broke up with my boyfriend yesterday.

B I'm so sorry to hear that. For what it's worth, I've always thought you were out of his league. He lied to you and constantly left you on read. 032

A Yeah, and apparently, he hit on 103 his coworker.

B What an ass. You deserve better. Someone who loves you for who you are. Someone like me.

A Where are you going with this? 040

A 어제 남자친구랑 헤어졌어.

B 에구, 안됐네.
이게 위로가 될지는 모르겠지만
난 항상 네가 아깝다고 생각했어.
너한테 거짓말도 했고 맨날
문자 읽고 답도 안 했잖아.

A 응. 그리고 듣자 하니 직장
동료한테 집적댔더라고.

B 못된 놈이네. 넌 더 좋은 사람을
만날 자격이 있어.
네 모습 그대로를 사랑해줄 사람.
나 같은 사람.

A 지금 무슨 말을 하려는 거야?

● ● ● ● ●

break up with ~와 헤어지다　**out of one's league** ~에게 과분한
what an ass 재수 없는 놈　**deserve** ~을 받을 자격이 있다

068

Don't take it out on me.

나한테 화풀이하지 마.

take it out on에서 it은 상대가 내고 있는 '화'를 말해요. 이 it이 동사 take out(꺼내다) 과 만나서 '화를 꺼내다' 정도의 의미가 된 거예요. 자연스럽게 의역하면 take it out on은 '~에게 화풀이하다'라는 뜻이 됩니다.

Don't take it out on me.
나한테 화풀이하지 마.

I took it out on my mom.
내가 엄마한테 화풀이했어.

특정한 하나의 일에 대한 화가 아니라 이런저런 것들에 대한 복합적인 화는 it 대신에 things를 쓰기도 해요.

I'm sorry I took things out on you.
괜히 너한테 화풀이해서 미안해.

I'll try not to take things out on you from now on.
앞으로는 너한테 괜히 화풀이 안 하도록 노력할게.

MP3 🎧 #068

A I'm sorry. I took things out on you the other day.[018]

B Don't worry about it.
It's water under the bridge.[100]

A Thanks for being so understanding. I have to get back to work, but what do you say[011] we grab a drink tonight?

B Sure thing.
Imma[001] hit the gym[007] now, but I'll be done by 6.

A 내가 며칠 전에 괜히 너한테 화풀이해서 미안해.

B 신경 쓰지 마.
다 지난 일인데 뭐.

A 이해해줘서 고마워.
난 다시 일하러 가야 되는데 오늘 저녁에 술 한잔 어때?

B 그러자.
지금 운동하러 갈 건데 6시면 끝날 거야.

● ○ ○ ○

get back to work 업무에 복귀하다. 다시 일하러 가다   **Sure thing.** (제안에 대한 대답으로) 응.

069

No strings attached.

조건 없이.

No strings attached는 옛날에 원단을 파는 상인들이 원단에 하자가 있으면 실을 달아 표시했던 데서 유래되었다고 해요. 그래서 No strings attached. 하면 '다른 꿍꿍이 없이, 바라는 것 없이, 조건 없이' 해준다는 뉘앙스가 있어요. 또한 카드 발급이나 이벤트 응모, 보험 가입 등의 조건들을 살펴볼 때 이 문구를 볼 수도 있습니다.

I'll help you. No strings attached.
내가 도와줄게. 아무런 대가 없이.

Fill out our survey, and we'll give you a $10 coupon with no strings attached!
설문조사에 응해주시면 $10 쿠폰을 그냥 드리겠습니다!

성인들끼리 사귀지는 않고 성적인 관계만 갖는 사이도 It's just sex. No strings attached. 이런 식으로 말하기도 해요. 그래서 나탈리 포트만, 애쉬튼 커쳐 주연의 2011년 영화 〈친구와 연인 사이〉의 영어 제목도 No Strings Attached인 거예요.

MP3 🎧 #069

(A and B are currently in a relationship.)

A Babe! **How did your meeting go?**⁰¹³

B It was awful. I **screwed up**⁰²⁷ in front of my boss.

A I'm sorry to hear that.

B But Dave took the blame for me! He even offered to help me with the report after work tomorrow!

A **No strings attached?** That SOB **is hitting on**¹⁰³ you!

(A와 B는 애인 사이다.)

A 자기야! 오늘 회의 어떻게 됐어?

B 최악이었어. 내가 팀장님 앞에서 큰 실수를 했어.

A 유감이네.

B 근데 Dave가 나 대신 자기 잘못이라고 해줬어! 심지어 내일 퇴근 후에 보고서 작성하는 것도 도와준대!

A 아무런 대가 없이? 그 자식 지금 작업 거는 거잖아!

● ● ● ● ●

awful 끔찍한, 지독한   **take the blame for** ~ 대신 책임을 떠맡다
SOB (속어) 개자식(= son of a bitch)

070

I'll cross that bridge when I get there.

그때 가서
생각할래.

Cross that bridge when we get there.은 직역하면 '다리에 도착하면 그때 건너자.'는 말인데요. 이 말의 의미는 '문제가 생기면 그때 대처하겠다', '문제가 실제로 발생하기 전까지는 걱정하지 말자', '나중 일은 나중에 생각하자' 정도로 이해하면 됩니다.

I don't know what I'm gonna do after I quit, but I'll cross that bridge when I get there.
퇴사하고 뭘 할지 모르겠지만 그건 그때 가서 생각할래.

아직 벌어지지도 않은 일에 대해 걱정하는 사람들에게 하기 좋은 표현입니다. 주어는 we 혹은 I를 사용하면 돼요. 또 when절의 there도 to it으로 쓸 수도 있어요. 비즈니스 상황에서도 자주 사용하는 표현이니 잘 알아두세요.

A ### What are you gonna do if it rains tomorrow?
내일 비 오면 어떡할 거야?

B ### We'll cross that bridge when we get there.
그건 그때 가서 생각하자.

MP3 🎧 #070

A You ready for the Busan trip?

B Yeah, I'm totally **psyched**!⁰¹⁴ I really need to **blow off some steam**.⁰²⁵

A 3 days of the beach, good food, and drinks!

B What if it rains though? I **have a gut feeling**⁰¹⁶ it's gonna rain.

A Let's cross that bridge when we get there . Okay?

A 부산 여행 준비됐어?

B 응, 완전 신나! 스트레스 좀 풀어야겠어.

A 3일 동안 해변에서 맛있는 음식 먹고 술 마시자!

B 근데 비 오면 어떡하지? 왠지 비가 올 것 같은 예감이 들어.

A 그건 그때 가서 생각하자. 알겠지?

● ● ● ●

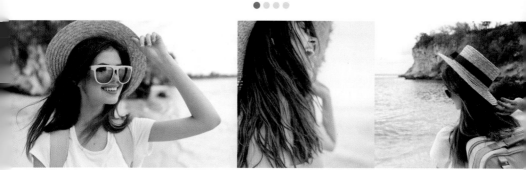

What if 주어 + 동사? ~하면 어떡하지?   **though** (문장 끝에 와서) 그렇지만, 하지만

071

I'll walk you through everything.

전부 하나씩 설명해줄게.

이 표현을 보니 어렸을 때 〈파이널 판타지 7〉 게임을 하면서 파판7 walkthrough를 인터넷에서 검색했던 기억이 생생하네요. walkthrough는 말 그대로 하나부터 열까지 하나하나 어떻게 해야 하는지 설명해주는 공략집이에요. 이처럼 'walk 누구 through 무엇'은 '무엇을 어떻게 하는지 누구에게 천천히 하나하나 설명해주다'라는 뜻입니다.

Don't worry. I'll walk you through everything.
걱정하지 마. 내가 전부 하나씩 설명해줄게.

Do you want me to walk you through this one more time?
한 번 더 처음부터 설명해줄까?

He walked me through my daily tasks when I first started working here.
내가 처음 입사했을 때 그분이 내 일일 업무를 하나씩 설명해주셨어.

through에 '처음부터 끝까지'라는 뉘앙스가 담겨 있다는 것을 잘 알아두세요.

MP3 🎧 #071

A Oh, my God. I completely **screwed up**.[027]
I sent a text meant for Chris to Dave by mistake.

B He's gonna flip out.

A I know! **I'm so screwed!**[027]

B Don't worry. Maybe there's something we can do. **Walk me through** what happened.

A 오 마이 갓. 나 완전 실수했어. Chris한테 보낼 문자를 Dave한테 잘못 보냈어.

B 완전 뒤집어질 텐데.

A 그러니까! 나 완전 망했어!

B 걱정하지 마. 뭔가 방법이 있을 수도 있어. 어떻게 된 건지 처음부터 설명해봐.

● ● ● ●

by mistake 실수로, 잘못해서   **flip out** 벌컥 화내다, 이성을 잃다

072

I worked my ass off.

엄청나게 노력했어.

work one's ass off는 말 그대로 '엉덩이(ass)가 떨어질(off) 정도로 열심히 한다'는 표현입니다. '엄청나게 노력하다, 열심히 하다, 죽도록 일하다' 등 다양한 의역이 가능하죠. 좀더 구체적으로 언급하고 싶다면 뒤에는 to 부정사 혹은 'on 무엇'을 붙여서 설명해도 됩니다.

I worked my ass off to get here.
내가 여기에 오기까지 얼마나 노력했는데.

I've been working my ass off on this project.
난 이 프로젝트에 엄청난 공을 들여 왔어.

ass는 욕은 아니지만 비속어이기 때문에 가까운 사이에서만 쓰고, 공식적인 자리에서는 쓰지 않아야 해요. 공식적인 자리일 경우 ass 대신 조금 순화된 butt를 추천합니다.

He worked his butt off to get that promotion.
그는 승진하기 위해 정말 열심히 일했어.

참고로 우리가 문자메시지에서 사용하는 ㅋㅋㅋㅋ를 영어로는 LMAO라고 쓰는 경우가 많은데, 이것은 laughing my ass off(엉덩이가 떨어질 정도로 웃다)의 줄임말입니다.

MP3 🎧 #072

A I've been working my ass off on this test, but I think I screwed it up.⁰²⁷

B Don't jump to conclusions.⁰⁹³ I'm sure you killed it.⁰⁰⁶

A What do I do if I don't pass?

B We'll cross that bridge when we get to it.⁰⁷⁰ In the meantime, what do you say⁰¹¹ we go for a drink?

A 내가 진짜 이 시험을 위해 얼마나 열심히 공부했는데 망친 거 같아.

B 섣불리 판단하지 마. 완전 잘했을 거야.

A 탈락하면 어쩌지?

B 그건 그때 가서 생각하자. 그때까지 술이나 한잔하러 가는 게 어때?

in the meantime 그동안에, 그때까지   **go for** ~하러 가다

073

I'm gonna hold you to that.

약속한 거다.

hold you to that은 '네가 약속을 지키는지 두고 보다'라는 의미예요. 이 표현은 I'm holding you to that. 그리고 I'm gonna hold you to that. 혹은 I'll hold you to that. 모두 가능합니다. 의미는 '너가 방금 한 그 말을 지키는지 내가 두고 보겠다.'는 뜻으로 구어체로 의역하면 '진짜지? 너 약속했다? 꼭 지켜.' 정도가 됩니다.

A **I promise I will always love you.** 약속해. 항상 널 사랑할게.

B **I'm gonna hold you to that.** 진짜지?

가끔 미드나 영화에서 You can't hold me to that.이라는 대사를 들을 수 있는데요. 이 말은 '넌 내가 그 말을 지킬 거라고 생각하면 안 되지.'라는 뜻으로 '술 취해서 한 얘기를, 10년 전 얘기를, 장난으로 한 얘기를 왜 진심으로 받아들이냐?' 정도로 생각하면 됩니다.

I was drunk! You can't hold me to that.

술 마시고 한 얘기인데! 그걸 진짜로 생각하면 안 되지.

응용해서 쓰는 표현이 아니므로 I'm holding you to that. / I'm gonna hold you to that. / I'll hold you to that. / You can't hold me to that.을 통문장으로 기억해두면 좋습니다.

MP3 🎧 #073

A   We've been together for 3 years.
Babe, you ever think about getting
married?

B   Of course. **I can't tell you how** [054]
happy you make me.
The thing is [009] neither of us is
financially ready.
But I promise I'm gonna marry you.
I have **no** doubt in my mind
whatsoever. [034]

A   **I'm gonna hold you to that.**

A   우리 이제 만난 지 3년 됐잖아.
자기는 결혼할 생각 있어?

B   당연하지. 자기가 날 얼마나
행복하게 해주는지 몰라.
그게 말이야. 우리 둘 다
경제적으로 준비가 안 됐잖아.
근데 약속할게. 난 너랑
결혼할 거야.
난 1도 의심하지 않아.

A   진짜지? 약속한 거다.

financially 재정적으로   **promise** 약속하다   **have no doubt** 의심하지 않다

074

Catch me up!

근황 얘기 좀 해봐!

catch up은 '따라잡다'라는 의미로 경주에서 2등이 1등을 따라잡을 때도 쓰지만 네이티브는 일상생활에서 밀린 진도를 따라잡는다는 의미로 catch up을 정말 많이 씁니다. 밀린 잠을 자면 catch up on sleep, 밀린 일을 하면 catch up on work라고 해요.

I'm just gonna relax and catch up on my sleep. 난 그냥 쉬면서 밀린 잠 좀 자려고.

'언제 밥 먹자, 술이나 한잔하자'라는 말은 오랜만에 만나서 밀린 이야기를 하자는 뜻이잖아요. 그럴 때는 Let's have dinner/a drink.보다 Let's catch up.이 어울려요.

Let's catch up over dinner sometime.
언제 저녁 먹으면서 회포나 풀자.

catch와 up 중간에 '누구'가 들어가면 그 사람이 진도를 따라잡게 해준다는 의미가 돼요. 예를 들어 2주 정도 휴가를 다녀온 직장 동료에게 I'll catch you up on what happened.라고 말하면 '지금까지 있었던 일들을 너한테 말해 줄게.'라는 뜻이랍니다.

Catch me up! What have you been up to?
근황 얘기 좀 해봐! 요즘 어떻게 지냈어?

MP3 🎧 #074

A Song? What a nice surprise!
   How have you been?

B Wow! It's been too long.
   Listen, I'm actually in a hurry, but
   let's catch up sometime.

A Sounds good. When are you free
   next week?

B Can I **get back to you on that**?[019]
   I need to check my schedule.

A All right, **don't be a stranger**.[035]

A 쏭? 이게 누구야!
   어떻게 지냈어?

B 와! 진짜 오랜만이다.
   야. 내가 사실 좀 바빠서 그런데
   언제 밥 한번 먹자.

A 좋아! 다음 주 언제 시간 돼?

B 다시 연락 줘도 될까?
   스케줄 좀 확인해봐야 돼.

A 알았어. 연락하고 지내자.

● ● ● ●

surprise 뜻밖의 일[선물]   **in a hurry** 바쁜

075

Let me sleep on it.

하루만 더 고민해볼게.

sleep on it은 말 그대로 '하룻밤 자면서 생각해본다'는 뜻으로 '내일까지 더 고민해본다'는 말이에요. '고민해보고 내일 말해줘, 하루만 더 고민해볼게, 생각해보고 내일 말해줄게' 등의 상황에서 쓸 수 있어요.

A **What do you say?**
어때?

B **Let me sleep on it.**
하루만 더 고민해볼게.

따라서 이 말은 당장 대답하기 곤란하거나 좀 더 생각해보고 신중하게 결정하고 싶을 때 쓰기 적당해요.

I'll sleep on it and get back to you tomorrow.
오늘 고민해 보고 내일 연락 줄게.

한 가지 더! sleep on 뒤에 다른 대명사나 일반명사가 들어갈 수도 있지만 네이티브가 그렇게 쓰지 않기 때문에 그냥 it로 통일해주세요.

MP3 #075

A What are you doing for the lunar new year?
You wanna go camping with me and Jenny?

B I was actually gonna spend some **me time**.⁰²⁴

A If you don't wanna see your friends, **so be it**.⁰⁸²

B **You're one to talk!**⁰⁹⁹ You didn't show up last Friday.

A I'm just saying just think about it!

B **Tell you what**.⁰¹⁰ Let me **sleep on it** .

A 설 연휴에 뭐 해?
나랑 Jenny랑 캠핑 갈래?

B 집에서 혼자 좀 쉬려고 했는데.

A 친구들 보기 싫다면 어쩔 수 없지.

B 그러는 너는! 지난주 금요일에 나오지도 않고.

A 그냥 생각을 해보라는 거지.

B 그럼 이렇게 하자. 생각해보고 내일 말해줄게.

lunar new year 구정, 음력설   **show up** 나타나다, 나오다

076

It takes some getting used to.

익숙해지는 데 시간이 필요해.

be used to는 '~에 익숙하다'라는 의미로 이미 익숙한 상태를 말하고, get used to는 '~에 익숙해지다'라는 의미로 익숙해지고 있는 과정을 말하죠. 따라서 take getting used to라고 표현하면 '익숙해짐이 필요하다'라는 뜻이 됩니다. 보통 '익숙해지는 데 시간이 필요해'라고 말할 때 시간 때문에 time을 말하곤 하는데, 그럴 필요 없이 take some getting used to 표현을 사용하면 됩니다.

I love my job, but it took some getting used to at first.

내 직장이 너무 맘에 들지만 처음에는 익숙해지는 데 시간이 좀 걸렸어.

This new phone is gonna take some getting used to.

새로 산 이 핸드폰에 익숙해지는 데 시간이 좀 필요할 거야.

인생팁 **I'm used to vs. I used to 알아보기**

I'm used to는 '~하는 것에 익숙하다'라는 의미로 전치사 to 다음에 동명사가 옵니다. 반면 I used to는 '~하곤 했다'라는 의미로 과거의 습관을 말하며 to 다음에 동사원형이 와서 to부정사 형태를 갖습니다.

I'm used to getting up early. 나는 일찍 일어나는 것에 익숙해.
I used to get up early. 나는 일찍 일어나곤 했어.

MP3 #076

A Love your office!
How's your new job?

B It's been good so far, but it's gonna
take some getting used to .

A I'm sure you'll **be crushing it** [006] in
no time. I **believe in** [043] you.
Anyway, do you **validate
parking**? [077]

A 너 사무실 짱인데!
새로운 직장은 어때?

B 지금까지는 괜찮은데 익숙해지는
데 시간이 좀 걸릴 거 같아.

A 금방 날아다니겠지.
난 널 믿어.
그나저나 주차 도장 찍어주니?

so far 지금까지   **in no time** 당장에, 곧

077

Can you validate my parking?

주차 도장 좀 찍어줄래요?

'도장'이라고 해서 stamp를 생각했다면 이 표현을 꼭 알아두세요! validate는 '입증해주다', parking은 '주차'의 의미로 validate parking은 여기에서 구매했다는 사실을 '주차권에 입증해 주다, 주차권을 찍어주다/끊어주다'의 의미가 됩니다.

Do you validate parking here?
여기서 주차 도장도 찍어주시나요?

또한 이 표현은 명사 형태인 parking validation(주차권)으로 쓰기도 하며, 수동태인 get my parking validated(주차 도장을 받다)로도 씁니다. 아래 두 문장은 유용하게 활용할 수 있는 문장이니 꼭 알아두세요.

Can I get a parking validation?
주차권 받을 수 있을까요?

Did you get your parking validated?
주차 도장 받았어?

인생팁 **주차 관련 표현 알아보기**

Can I park here? 여기에 주차해도 되나요?
Is there a parking lot near here? 이 근처에 주차장이 있나요?
How much is the parking fee? 주차료는 얼마인가요?

MP3 🎧 #077

A **I'm torn.**061 Do you like the red dress or the yellow dress?

B I think you **pull off**051 the red one pretty well.
Plus, **you can't go wrong with** 087 off-shoulder.

A Thanks. Let me just go pay for this.

B Make sure you validate your parking , too!

A 고민된다. 빨간색 드레스가 좋아, 노란색 드레스가 좋아?

B 네가 빨간색을 꽤 잘 소화하는 거 같아.
그리고 오프숄더는 항상 옳지.

A 고마워. 가서 이거 돈 내고 올게.

B 주차 도장도 꼭 찍어!

● ● ● ●

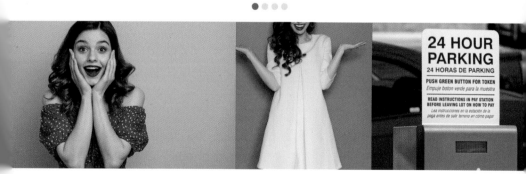

off-shoulder 오프숄더(목에서 어깨까지 노출시킨 디자인)　**pay for** 돈을 내다

181

078

Suck it up!

징징대지 마!

suck it up은 힘든 일을 하기 전에 심호흡하는 모습에서 나온 표현이라고 해요. 영영사전에는 accept an unpleasant or difficult situation이라고 나오는데 '어려움/힘듦을 받아들이다'라는 뜻이죠. 그래서 힘들거나 고통스러운 상황을 불평불만을 하지 않고 그냥 받아들이라는 뜻으로 suck it up이라고 말해요.

I think you just gotta suck it up and do it.

그냥 눈 꼭 감고 해야지 뭐.

Let's just suck it up and get this over with.

그냥 투덜거리지 말고 후딱 해치우자.

I didn't want to do it, but I sucked it up and finished it.

하기 싫었지만 그냥 참고 끝까지 했어.

전쟁이나 스포츠를 다룬 영화에서 교관이나 감독이 힘들어 하는 선수들을 보면서 Suck it up!이라고 말하는 장면을 종종 볼 수 있답니다.

MP3 #078

A This is too much work.

I'm tired and hungry.

B **That makes two of us.**[111]
Let's **take five.**[021]

A You wanna just go home?

B Suck it up , man.
Our grades **are on the line** [117] here.

A 일이 너무 많아.
배고프고 피곤해.

B 나도 마찬가지야.
잠시 쉬었다 하자.

A 그냥 집에 갈까?

B 그만 징징거려.
지금 우리 성적이 걸려 있어.

● ● ● ●

too much 너무 많은   **grade** 성적, 학점

079

You can do it if you put your mind to it.

마음만 먹으면 할 수 있어.

'마음만 먹으면'을 eat mind라고 직역해서 표현하려니까 많이 어색하죠? 이런 이유로 네이티브가 생각하는 방식을 이해하고, 우리의 생각과 다른 표현은 외우는 것이 중요해요. 네이티브는 의지를 다질 때 '마음을 먹는다'가 아니라 '마음을 쏟는다'고 표현하죠. 그래서 '마음을 쏟는다면'은 if you put your mind to it이라고 해요.

You can do anything if you put your mind to it. 마음만 먹으면 넌 뭐든지 할 수 있어.

I know I can do it if I put my mind to it. 내가 마음만 먹으면 할 수 있는 걸 알아.

또한 이 표현은 거의 고정돼서 다른 문장으로 잘 활용되지 않아요. 아주 가끔 it 대신 something을 쓰지만 거의 99프로 it을 고정으로 사용합니다.

When I put my mind to something, **I do it.** 난 뭘 하겠다고 마음먹으면 그냥 해.

'나 마음먹었어!'라고 말할 때 I put my mind to it!이라고 단독 문장으로 말하면 네이티브는 말의 의미는 이해하지만 매우 어색하게 느낄 거예요.

MP3 🎧 #079

A My promotion **is on the line** [117]
here.
I **gotta** [002] **go big or go home.** [115]

B I'm sure you can do it if you put
your mind to it.
I **believe in** [043] you.

A Thanks, buddy.
I **don't want to get my hopes
up,** [116] but I'll try my best.

A 여기에 내 승진이 달렸어.
하려면 제대로 해봐야지.

B 마음만 먹으면 넌 할 수 있을
거야.
난 널 믿어.

A 고마워, 친구야.
기대는 안 하려 하는데 최선은
다해봐야지.

●●●●

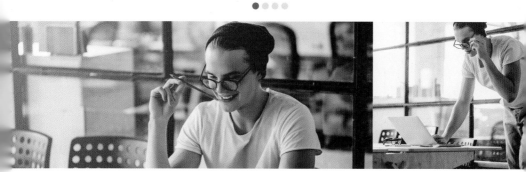

promotion 승진, 진급   **try one's best** 최선을 다하다

080

It's just a figure of speech.

말이 그렇다는 거지.

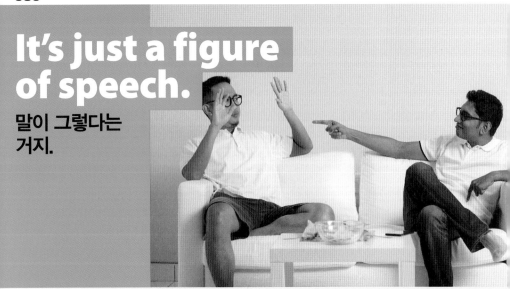

상대방이 비유해서 한 말을 곧이곧대로 받아들여 오해할 때가 있죠? 네이티브는 듣는 사람이 비유 표현을 문자 그대로 이해해서 오해할 경우 It's just a figure of speech.라고 말합니다. 여기서 figure는 '모양, 형태'라는 뜻이고 speech는 '말'을 뜻하니까 이 표현은 '그냥 말일 뿐이다.'라는 의미예요.

I'm so hungry I could eat a horse… It's just a figure of speech.

너무 배고파서 말도 먹을 수 있을 거 같아… 말이 그렇다는 거지.

I'm sure it was just a figure of speech, but she said she'll kill me if I lie to her again.

그냥 말만 그렇게 한 거겠지만, 걔는 내가 또 거짓말하면 죽여버린다고 했어.

이 표현은 자신이 한 말을 상대방이 이해하지 못할 때뿐만 아니라 동의하지 않거나 언짢아할 때 자신의 말을 무마하는 용도로도 사용합니다.

It's just a figure of speech. Don't get mad.

그냥 말이 그렇다는 거지. 화내지 마.

MP3 #080

(B's English is only so-so.)

A I absolutely **killed it** <u>006</u> with my jokes on our first date!

B Kill?

A **It's just a figure of speech.** It means I **crushed it**. <u>006</u>

B Crush?

A **For the love of God,** <u>094</u> it means I did really well!

(B는 영어를 잘 못한다.)

A 첫 데이트 때 나의 유머 감각으로 완전 죽여줬지!

B 죽여?

A 말이 그렇다는 거지. 내가 완전 박살냈다는 뜻이야.

B 박살내?

A 제발 좀! 내가 완전 잘했다는 뜻이야!

so-so 그저 그런, 평범한　　**absolutely** 완전히, 전적으로　　**joke** 농담, 우스개

REVIEW 4

앞에서 배운 진짜 미국식 영어 표현을
이해해 보세요.

Jisoo	Byunggoo?
Byunggoo	Jisoo? Wow! I haven't seen you in ages! How have you been? **Catch me up!**[074]
Jisoo	I recently started a business, so I've been **working my ass off**.[072] You know, **back-to-back**[063] meetings and working late…
Byunggoo	Ha-ha. I see you're still working hard. You never **half-ass**[062] anything.
Jisoo	What about you?
Byunggoo	I recently quit my old job, so I'm looking for something new.
Jisoo	Wait. Aren't you a software developer? I've been looking for one. Why don't you come work with me?
Byunggoo	Really?
Jisoo	Yeah, it'll **take some getting used to,**[076] but I'll **walk you through**[071] everything.
Byunggoo	I don't know… Friends working together never ends well. What if we get into a fight?
Jisoo	Ha-ha, we'll **cross that bridge when we get to it.**[070]
Byunggoo	Hmm… can I **sleep on it?**[75]

Jisoo	병구?
Byunggoo	지수? 우와! 진짜 오랜만이다! 어떻게 지냈어? 얘기 좀 해줘!
Jisoo	최근에 창업해서 죽어라 일만 하고 있어. 알잖아, 연달아 계속 회의하고 야근하고…
Byunggoo	하하. 넌 아직도 열심히 사는구나. 넌 뭐든 대충 하는 게 없잖아.
Jisoo	넌?
Byunggoo	최근에 다니던 직장을 그만둬서 새로운 걸 찾는 중이야.
Jisoo	잠깐, 너 개발자 아니야? 나 개발자 찾고 있었는데. 나랑 같이 일하지 않을래?
Byunggoo	진짜?
Jisoo	응, 적응하는 데 시간은 좀 걸릴 테지만 내가 전부 하나하나 설명해줄게.
Byunggoo	글쎄… 친구들이랑 같이 일하면 끝이 항상 안 좋던데. 싸우면 어떡해?
Jisoo	하하, 그건 그때 가서 생각하자.
Byunggoo	음… 하루만 더 고민해봐도 될까?

---

in ages 오랫동안   **recently** 최근에

CHAPTER

3

알아들을 수 있어야 하는
미드·영화 단골 표현

081

Duh.
당연한 거 아냐?

빌리 아일리쉬의 〈bad guy〉 노래에 I'm the bad guy, duh!라는 가사가 나오죠. Duh. 는 너무나 당연한 얘기를 했을 때 멍청한 얘기라고 비꼬는 리액션으로 네이티브가 자주 사용하는 표현인데요. 의역하자면 '당연한 거 아냐?, 당연한 걸 왜 얘기해?' 정도가 됩니다.

A **This is so spicy!**
이거 엄청 맵네!

B **Duh, it says flaming hot on the label.**
당연하지, 라벨에 핵매움이라고 써 있잖아.

비꼬는 표현이기 때문에 친한 사람들한테만 써야겠죠. 비슷한 의미의 표현으로는 You think?와 No shit! 등이 있어요.

A **I think I should exercise more often.**
운동을 더 자주 해야 할 거 같아.

B **Duh.** 당연한 거 아냐?

인생팁 **네이티브가 자주 하는 리액션 알아보기**
아, 맞다! 네이티브가 자주 하는 리액션이 생각났어요. '아, 맞다'는 영어로 oh yeah입니다. 무언가 갑자기 떠올랐을 때 써보세요! oh yes는 이상하게 들릴 수 있으니 꼭 yeah로 연습해두세요.

MP3 #081

A It's so hot today.

B Duh, it's July.

A What's with[047] you today?
Why are you so snippy?

B I'm sorry. I guess I'm just hungry.

A It's okay. If anything,[038] I should be sorry.
I kept you waiting for so long.

A 오늘 진짜 덥다.

B 당연한 거 아냐? 7월인데.

A 너 오늘 왜 그래?
왜 그렇게 신경질을 내?

B 미안. 그냥 배고파서 그런가 봐.

A 괜찮아. 오히려 내가 미안해야지.
너를 너무 오래 기다리게 했잖아.

snippy 톡 쏘아붙이는, 신랄한　　**keep ~ waiting** ~를 기다리게 하다

082

So be it.
어쩔 수 없지.

So be it.은 '내키지 않거나 탐탁지 않지만 그냥 받아들이겠다'는 의미로 아주 유용한 회화 표현이에요. 이 표현을 쓰려면 반드시 'If 주어 + 동사'절 다음에 말해야 합니다.

If I have to stay up all night, so be it.
만약 밤을 새야 한다면 어쩔 수 없지.

If that's how you feel, so be it.
네 기분이 그렇다면야 어쩔 수 없지.

If you want to waste your money, so be it!
네가 네 돈 낭비하고 싶다면 그래라!

'만약 네가 하기 싫다면 어쩔 수 없지', '내가 이기기 위해서 다른 사람이 피해를 봐야 한다면 어쩔 수 없지' 등 항상 어떤 상황이나 조건에 동의하고 수긍한다는 점을 기억해 주세요!

MP3 #082

A I know we're dating, but sometimes I need some **me time.**[024]
If this makes you not like me…
so be it.

B **If anything,**[038] it makes me like you even more.

A Really? **I can't tell you how**[054] glad I am that you think that.

B Don't worry about it.
I'll leave you to work![003]

A 우리가 사귀지만 난 가끔 나만의 시간이 필요해.
이것 때문에 내가 싫어진다면…
어쩔 수 없어.

B 오히려 네가 더 좋아지는데?

A 진짜? 네가 그렇게 생각해줘서 얼마나 다행인지 몰라.

B 걱정하지 마.
그럼 일해! 난 가볼게.

● ● ● ●

even (비교급을 강조하여) 훨씬

083

Shopping 101
쇼핑의 기본

영화 〈건축학개론〉의 영어 제목이 Architecture 101인 거 아셨나요? 미국에서는 모든 대학 수업 이름 뒤에 번호가 붙는데, 그중 개론 수업에는 뒤에 101이 붙습니다. Physics 101(물리학개론), Chemistry 101(화학개론) 이런 식으로 말이죠.

I have Physics 101 at 10:00.
나 10시에 물리학개론 수업 있어.

이걸 응용해 네이티브는 일상 회화에서도 명사에 101을 붙여 '~의 기본'이라는 표현으로 많이 말하는데요. dating 101(데이트의 기본), business 101(비즈니스의 기본), shopping 101(쇼핑의 기본) 등으로 무한 응용이 가능하겠죠? 여러분도 한번 만들어 보세요.

Never leave her on read!
That's relationship 101!
절대 읽씹하면 안 되지! 연애의 기본 아니냐!

Parenting 101 is patience.
육아의 기본은 인내심이야.

MP3 #083

A **I'm torn.**[061] Which shirt do you think I should buy?

B Think about which one will match the clothes you have at home. That's shopping 101 .

A Do you think I can **pull this off**[051] though?

B Um…

A Fine, I **can take a hint.**[058]

A 고민된다. 어느 셔츠 살까?

B 집에 있는 옷이랑 어느 게 잘 어울릴지 생각해봐. 그게 쇼핑의 기본이잖아.

A 근데 내가 이걸 소화할 수는 있을까?

B 음…

A 알았어. 나도 눈치가 있어.

match 어울리다   **hint** 힌트, 암시

197

084

Jot this down.
이거 받아 적어.

write down이 그냥 쓰는 거라면 jot down은 정성 들여 쓰는 게 아니라 급하게 혹은 끄적끄적 받아 적는 뉘앙스가 있어요. 그래서 보통 '쓰다'보다 '메모하거나 받아 적다' 정도로 해석하죠. jot down도 대명사는 jot과 down 사이에, 일반명사는 뒤에 온답니다.

Make sure you jot this down.
이거 꼭 받아 적어놔.

I jotted down some ideas for our project.
프로젝트에 대한 아이디어 몇 개 끄적여봤어.

Let me jot that down. Do you have a pen?
그것 좀 받아 적을게. 펜 있어?

무엇보다 jot down은 발음을 주의해야 해요. 발음이 비속어처럼 들려서 많이들 당황해합니다. jot은 [촷]이라고 발음해 주세요. 참고로, 제 인스타그램 댓글에 '이번 기말 jot that down…'이라고 쓰며 장난치는 학생들이 정말 많았다는 건 TMI(too much information)겠죠?

MP3 #084

A Hey, I'm gonna **hit the grocery store.** [007] You need anything?

B Milk, eggs, parsley…
Aren't you gonna jot this down ?

A I won't forget.

B **As if.** [022]

A 나 장 보러 갈 건데.
뭐 필요한 거 있어?

B 우유, 계란, 파슬리…
안 받아 적어?

A 안 까먹을게.

B 퍽이나.

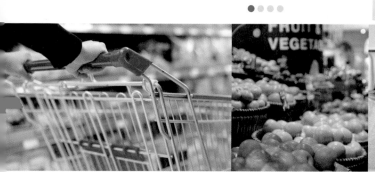

grocery store 식료품점, 슈퍼마켓 **forget** 잊다, 잊어버리다

085

It doesn't ring a bell.
못 들어봤어.

만화영화를 보면 무언가가 머릿속에 떠올랐을 때 '떵!' 하고 벨 소리가 나잖아요? ring a bell은 여기서 비롯된 표현으로 '들어본 적이 있는 것 같다'라는 의미예요. 주의해야 할 부분은 확실히 기억나는 게 아니라 어디선가 들어본 거 같기도 하고 아닌 거 같기도 한 알쏭달쏭한 상태를 뜻한다는 거예요.

A **Does this ring a bell?**
이거 들어본 적 있어?

B **No, I've never heard of it.**
아니, 한 번도 못 들어본 건데?

특히, 의문문이나 부정문의 형식을 이용해 어떤 사람(또는 그 사람의 이름)에 대해 아는지 묻거나 답할 때 가장 많이 사용된답니다. 예를 들어 'Does the name 누구 ring a bell?'이라고 질문하면 The name doesn't ring a bell.이라고 대답을 하죠.

A **Does the name Kim Youhyun ring a bell?**
김유현이라고 들어본 적 있어?

B **Sorry. It doesn't ring a bell.**
미안, 못 들어본 거 같아.

MP3 🎧 #085

A I love this song. I love BTS.

B BTS?

A Wait. You don't know who BTS is?

B No, the name doesn't ring a bell .

A **I take it** ⁰⁰⁵ you don't watch the news or TV… or use the Internet? **I can't tell you how** ⁰⁵⁴ awesome they are.

A 이 노래 너무 좋아. BTS 너무 좋아.

B BTS?

A 잠깐만. 너 BTS가 누군지 몰라?

B 응, 못 들어본 거 같아.

A 보아하니 뉴스나 TV도 안 보고… 인터넷도 안 쓰나 봐? 얘들 얼마나 멋있는지 몰라.

awesome 굉장한, 아주 멋진

086

Tell me about it!
내 말이!

영어는 덩어리 표현이라고 했죠? Tell me about it.을 직역하면 '나한테 그것에 대해 말해줘.'란 뜻이고 이렇게도 많이 쓰여요. 하지만 네이티브는 이 표현을 공감의 리액션으로 정말 많이 사용합니다. 이때는 You don't have to tell me about it.의 줄임 말이라고 보면 돼요. 즉, '나한테 굳이 말 안 해줘도 알고 있다.'는 뜻으로 상대방의 말에 격하게 공감하는 표현이에요.

A **Is Park Seojun cute or what?**
박서준 완전 잘생기지 않았나?

B **Tell me about it!**
내 말이!

다른 사람의 말에 리액션을 할 때만 사용 가능한 표현이란 점도 유의해주세요!

A **I seriously need a break.**
진짜 좀 쉬고 싶다.

B **Tell me about it!**
그렇게 말이야!

MP3 #086

(A and B are on the phone.)

A　I've been watching this new
　　TV show with Hyun Bin.

B　Is Hyun Bin cute **or what?**[012]

A　Tell me about it! He's too cute.
　　I'm watching him on TV **even as**
　　we speak.[090]
　　You can't go wrong with[087]
　　Hyun Bin.

(A와 B는 통화 중이다.)

A　나 요즘 새로 하는 현빈 나오는
　　드라마 보잖아.

B　현빈 완전 잘생기지 않았냐?

A　내 말이! 너무 잘생겼어.
　　지금 이 순간에도 TV로 보고
　　있잖아.
　　현빈은 항상 옳지.

show (TV·라디오의) 프로그램
cute 매력적인, 멋진, 예쁜(사람한테는 귀엽다기보다 잘생기고 예쁘다는 말에 더 가까움)

087

You can't go wrong with it.

그건 항상 옳지.

'선택하다'를 영어로 말할 때 decide가 가장 먼저 떠오르겠지만, 네이티브는 회화에서 go with(선택하다)로 정말 많이 말합니다.

I'm gonna go with *Jjambbong* today.
나 오늘은 짬뽕을 택하겠어.

특히 go with는 can't와 자주 어울려 You can't go wrong with ~(~은 틀린 선택일 수가 없다)라는 표현으로 많이 쓰이는데요. 이를 자연스럽게 의역하면 '~은 항상 옳다, ~을 선택하면 실패할 일이 없다' 정도가 됩니다.

Just go with black. You can't go wrong with it.
그냥 검정색 선택해. 가장 무난해.

You can't go wrong with chicken and beer!
치맥은 항상 옳지!

이제는 선택한다고 말할 때 decide 말고 go with로 말해보세요. 그럼 네이티브와 소통이 더 자연스러울 거예요.

MP3 🎧 #087

A Hey, let me **run something by**[091] you.
What did you get your girlfriend for her birthday?

B A necklace. Why?

A Song's birthday is coming up, and I don't know what to get her.

B Jewelry. **You can't go wrong with** [087] jewelry.
It's **boyfriend 101,**[083] man.
Trust me. She'll be **over the moon.**[106]

A 야, 뭐 하나만 물어볼게.
너 여자친구 생일에 뭐 사줬냐?

B 목걸이. 왜?

A 곧 Song 생일인데 뭘 사줘야 할지 모르겠어.

B 보석. 보석은 절대 실패할 일 없지.
남자친구의 기본이야.
날 믿어. 엄청 좋아할 거야.

● ● ● ●

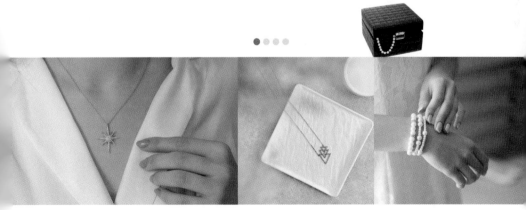

what to get ~ ~에게 뭘 사줘야 할지   **jewelry** 보석류, 장신구류

088

You're breaking up.

너 목소리가 자꾸 끊겨.

전화 통화를 할 때 연결 상태가 안 좋아서 상대방 목소리가 잘 안 들린다면 You're breaking up.(너 목소리가 자꾸 끊겨.)이라고 말해보세요. 이 표현에 voice는 안 들어가니 유의하세요.

What? Can you repeat that?
You're breaking up.

뭐? 다시 말해줄 수 있어? 너 목소리가 자꾸 끊겨.

참고로 '변성기'를 voice break라고 해요. 목소리가 잠겼을 때도 voice가 breaking한 다고 하죠. 영화 대본을 보면 가끔 voice breaking이라고 써 있는데, 이는 '잠긴 목소 리' 혹은 '흐느끼는/깨지는 목소리'란 뜻이에요.

My voice is breaking. I need some water.

목이 잠겼어. 물 좀 마셔야겠어.

(voice breaking)
"I'm sorry… Please give me another chance."

(흐느끼며) "미안해… 한 번만 다시 기회를 줘."

MP3 #088

A Hey, **you up for**⁰²⁹ a drink later?

B Sure, who's coming?

A Nelly and Garam.

B Nelly and who?
   You're breaking up , man.

A Oh, **for the love of God,**⁰⁹⁴
   I'll just text you.

A 이따가 술 한잔할래?

B 그래, 누구 오는데?

A Nelly하고 Garam.

B Nelly하고 누구?
   전화가 자꾸 끊긴다. 야.

A 아오, 그냥 문자로 보낼게.

● ● ● ●

text 문자를 보내다

089

My ride or die

죽고 못 사는
친구

정확하게 어디서 나온 말인지 의견이 갈리지만 ride or die는 '친구나 사랑하는 사람을 위해 무엇이든 해줄 준비가 되어 있는 사람'을 의미합니다.

I'm a **ride-or-die** kind of girl.

난 의리에 죽고 사는 사람이야.

My ride or die.라고 하면 '무슨 일이 있어도 끝까지 같이할 사람'이라고 해석됩니다. 요즘에는 특히 힙합 가사에 자주 등장하죠. 위험이 따른다 하더라도 그 사람을 위해서 무엇이든 할 수 있다면 그 사람은 my ride or die라고 표현할 수 있어요.

She's not just my girlfriend. She's **my ride or die**.

그녀는 내 여자친구만이 아니라 내 절친이야.

You've always been **my ride or die**.

넌 항상 내 가족 같은 친구였지.

앞에 소유격 my를 꼭 챙겨주세요. 참고로 이 표현은 원래 남자를 위해 무엇이든 함께해줄 수 있는 여자라는 의미로 시작되었지만 요즘은 성별을 가리지 않고 많이 사용됩니다.

MP3 🎧 #089

(A and B are friends, and they are drunk.)

A You know I love you, right?
You've always been my ride or die. Friends till the end, you know?

B Of course, man.
I'm sorry about **earlier**.[036]
We need to **catch up**[074] more often.
What do you say[011] we go for round two?

(A와 B는 친구이며 술에 취했다.)

A 내가 너 사랑하는 거 알지?
넌 내가 끝까지 같이 갈
평생 친구잖아.
죽을 때까지 친구인 거 알지?

B 당연하지. 임마.
아까는 내가 미안했다.
우리 더 자주 얼굴 보자.
이제 2차 가는 게 어때?

drunk 술에 취한   **go for round two** 2차를 가다

090

As we speak
지금
이 순간에도

as we speak(지금 이 순간에도)은 지금 우리가 대화하는 이 순간에도 무슨 일이 일어나고 있다는 의미로 쓰입니다.

I'm looking at the report as we speak.
지금 이 순간에도 보고서 보고 있어.

It's too late. It's already happening as we speak.
너무 늦었어. 지금 이 순간에도 벌써 일어나고 있어.

강조어 even을 붙이면 '지금 이 순간조차도'라고 해석이 됩니다.

People are dying of starvation even as we speak.
지금 이 순간조차도 굶어 죽는 사람들이 있어.

한국어로도 '지금'과 '지금도'의 뉘앙스 차이가 있듯이 now랑 잘 구분해서 as we speak을 사용하면 정말 네이티브스러운 문장을 구사할 수 있답니다. as we are speaking이 아니니 시제 꼭 주의해주세요!

MP3 #090

A I've been **working my ass off**[072] on this project.

B You need to **blow off some steam.**[025]

A **Tell me about it.**[086] We also need to **catch up**[074] soon.

B Why don't I just **stop by**[104] your office for coffee?
When are you gonna go to work?

A I'm at the office even as we speak.
I spent the night at the office.
I still haven't gotten[059] off work.

A 이 프로젝트 때문에 요즘 죽도록 일만 한다.

B 너 스트레스 좀 풀어야겠다.

A 내 말이. 우리 조만간 만나 밀린 얘기도 해야지.

B 내가 커피 마시러 너희 사무실 들를까?
너 언제 출근하냐?

A 지금 이 순간에도 사무실이야.
사무실에서 밤샜어.
아직 퇴근 못 한 거지.

● ● ● ●

get off work 퇴근하다

091

Can I run something by you?

뭐 좀 물어봐도 돼?

'run 무엇 by 누구'는 '무엇에 대한 의견을 누구에게 물어보다'라는 의미입니다. 네이티브가 비즈니스 상황뿐만 아니라 일상생활에서도 정말 자주 쓰는 표현입니다.

Why don't you run this by Dave?

Dave는 이걸 어떻게 생각하는지 한번 물어봐.

What is this? You didn't run any of this by me.

이게 뭐예요? 나한테 전혀 상의도 안 했잖아요.

한 가지 더! '너한테 뭐 좀 물어봐도 돼?' 같은 문장을 말하고 싶을 때 주의해야 하는 부분이 있는데요. 이때는 상대방은 무엇에 대한 질문인지 모르기 때문에 it/this/that 같은 지시대명사를 쓸 수 없고 something을 써야 합니다.

Can I run something by you?

뭐 좀 물어봐도 될까?

MP3 🎧 #091

A　Ma'am, do you have a second?
I have an idea on our marketing
strategy. Can I run it by you?

(B takes a look.)

B　This looks good, but make sure you
run it by the boss first.

A　Do you know where he is?

B　**Beats me.**[008] But **I have a gut
feeling**[016] he's in the break room.

A　Okay, I'll check to see if he's there.

A　과장님, 잠깐 시간 있으세요?
마케팅 전략에 대한 아이디어가
있습니다. 의견 좀 여쭤봐도
될까요?

(B가 살펴본다.)

B　괜찮아 보이는데 대표님한테
꼭 먼저 보여드려요.

A　어디 계신지 아세요?

B　글쎄요. 근데 왠지 탕비실에
계실 거 같은데요.

A　네, 거기 계신지 한번
가보겠습니다.

● ● ● ●

marketing strategy 마케팅 전략　**break room** 휴게실, 탕비실

092

Don't lead me on.
어장 관리하지 마.

'lead 누구 on'은 헛된 희망을 주거나 착각하게 만든다는 의미로 쓰입니다. 의사가 환자나 환자의 가족에게 헛된 희망을 준다고 할 때도 쓸 수 있지만, 남녀 사이에서 '어장 관리하다' 혹은 '헷갈리게 하다'는 뜻으로 가장 많이 사용돼요.

If you're not into him, don't lead him on.
걔한테 별로 마음 없으면 괜히 헷갈리게 하지 마.

You're leading him on.
너 지금 걔 헷갈리게 만들고 있잖아.

한 가지 더! 의도적이지 않았다고 말하기 위해 I didn't mean to 뒤에 자주 붙습니다.

I didn't mean to lead you on.
너를 어장 관리하려던 건 아니었어.

MP3 🎧 #092

A Do you see me as a friend and nothing more?

B Well…

A Why have you been so sweet to me? If you don't feel that way about me, don't **lead me on** .

B Don't **get bent out of shape.** [107] **Where is this coming from?** [039]

A Please. **I wasn't born this morning.** [109]

A 나를 친구로밖에 안 보는 거지?

B 그게…

A 나한테 왜 그렇게 잘해줬는데? 나한테 그런 감정 없으면 사람 헷갈리게 하지 마.

B 삐지지 마. 갑자기 왜 그러는데?

A 누굴 바보로 아나.

● ● ● ●

nothing more ~에 불과한, ~에 지나지 않는　　**sweet** 상냥한, 다정한

093

I jumped the gun.

내가 섣불리 행동했어.

jump the gun은 '섣불리 행동하다, 경솔하게 행동하다'라는 의미인데요. 육상 경기에서 총으로 시작을 알리는데 총이 울리기 전에 부정 출발을 하는 것에서 유래한 표현입니다.

I'm sorry I jumped the gun.
내가 섣불리 행동해서 미안해.

여기서 jump가 들어가는 표현 한 가지 더 알려드릴게요. jump to conclusions는 '섣불리 결정짓다, 속단하다'라는 의미예요.

Let's not jump to conclusions.
섣불리 판단하지 말자.

I'm sorry I jumped to conclusions and accused you.
섣불리 판단하고 너를 비난해서 미안해.

섣불리 행동할 때는 jump the gun, 섣불리 판단할 때는 jump to conclusions를 이용하세요. gun 앞에는 the를, conclusions 앞에는 to를 써야 한다는 점을 주의하세요.

MP3 🎧 #093

A Rachel **left me on read**,<u>032</u> and she hasn't texted me in over 4 hours.

B Do you know what she's doing?

A She said she was gonna **hit the hay**,<u>007</u> but… her Instagram says she was online 10 minutes ago. I think she's cheating on me.

B **That's a bummer**,<u>015</u> but I think you're jumping to conclusions .

A Rachel이 읽씹하고 4시간 넘게 답장이 없어.

B 지금 뭐 하는지는 알아?

A 나한테 잘 거라고 했는데… 걔 인스타그램 보니까 10분 전에 온라인이었다고 나와. 바람피우는 거 같아.

B 그건 참 안됐지만, 네가 너무 섣불리 판단하는 거 같아.

● ● ● ● ●

cheat on 바람을 피우다

217

094

For the love of God
제발 좀

For the love of God 같은 표현들을 많이 알고 있으면 네이티브처럼 말의 뉘앙스를 잘 살릴 수 있어요. For the love of God은 하고자 하는 말 앞에 붙여서 짜증나는 마음을 나타내거나 상대에게 하소연을 할 때 사용할 수 있어요.

For the love of God, stop humming!
아, 제발 좀, 그만 좀 흥얼거려!

For the love of God, exercise once in a while!
제발 좀, 가끔 운동도 좀 하고 그래!

For the love of God, please listen to me.
제발 내 말 좀 들어.

'아… 제발…', '아! 제발!', '아, 좀!', '아오, 진짜!' 이런 느낌을 살려서 말하고 싶다면 For the love of God을 앞에 넣어서 원어민처럼 자연스럽게 말해 보세요.

MP3 🎧 #094

A **The thing is…**[009] um…

B Oh, for the love of God ! Just spit it out!

A I kind of need to borrow some money.

B No problem. How much?

A Really? **You're a lifesaver!**[026]

B You're **my ride or die,**[089] right?

A 그게 말이야… 음…

B 아, 제발 좀! 빨리 말해!

A 돈을 좀 빌릴 수 있을까.

B 알았어. 얼마?

A 진짜? 네 덕분에 살았다!

B 우린 절친이잖아. 그치?

● ● ● ●

spit it out 빨리 말해, 어서 말해 **borrow** 빌리다

219

095

Every so often, I meet friends.

가끔 친구들을 만나.

우리는 '가끔'을 주로 sometimes라고 말하지만 네이티브는 sometimes만 쓰지는 않아요. 네이티브는 every so often(가끔)도 자주 사용하기 때문에 알아듣기 위해서라도 알고 있어야 합니다.

I still think about my ex every so often.
아직 가끔 전 애인 생각을 해.

Every so often, I like to go for a walk.
가끔 난 산책 가는 걸 즐겨.

한 가지 더! 영어를 잘하는 것처럼 보이고 싶다면 from time to time(가끔) 같은 표현도 사용하면서 다양하게 말하는 것을 추천합니다.

You should exercise from time to time.
가끔 운동도 좀 해라.

This happens from time to time.
가끔 이럴 때 있어.

MP3 🎧 #095

A This place is great!
   How good was that pizza?

B **Tell me about it!** [086]
   It was **hands down** [053] the best
   pizza I've had in a while.

A Anyway, thanks for dinner, buddy.

B You are gonna pay from time to
   time , right?

A As soon as I get a job!

A 여기 정말 좋다!
   피자 완전 맛있지 않았냐?

B 그러니까!
   내가 최근 먹어본 피자 중
   단연 최고였어.

A 그나저나 잘 먹었다, 친구야.

B 너도 가끔 돈 낼 거지?

A 취업하면 바로 내지!

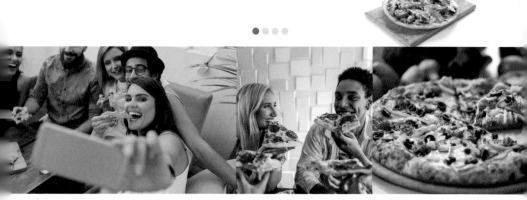

in a while 한동안   **As soon as 주어 + 동사** ~하면 바로

096

Let's wing it.

즉흥적으로 하자.

wing은 '날개'라는 뜻 말고도 '무대 양쪽 가장자리'라는 뜻도 있어요. wing it은 무대 가장자리에 있던 대역배우가 갑자기 무대에 오르게 되었을 때 즉흥적으로 연기했던 것에서 나온 표현입니다. 그래서 wing it은 '즉흥적으로 하다'라는 의미이지만 순발력의 뉘앙스가 들어 있어요.

I completely forgot about the presentation, so I had to wing it. 발표 있는 거 완전 까먹어서 그냥 즉흥적으로 해야 했어.

발표 준비를 안 해서 순발력으로 대처한 상황에서는 wing it을 쓸 수 있지만 즉흥적으로 물건을 충동구매한 상황에서는 wing it을 쓰면 어색해요. 쇼핑은 순발력이 필요한 상황이 아니기 때문이죠.
같은 표현으로 play it by ear(즉흥적으로 하다)도 있습니다. 이 표현은 음악가가 악보 없이 귀로 듣고 즉흥연주를 하는 것에서 유래되었어요. 따라서 상황에 따라 그냥 되는 대로 일을 진행할 때 사용하면 됩니다.

Let's just play it by ear. 그냥 즉흥적으로 하자.

wing it과 play it by ear 두 표현은 유래를 알아두면 더 오래 기억할 수 있을 거예요.

MP3 #096

A **How was** [013] your interview?

B They didn't ask me any of the questions I thought they would. I had to wing it .

A **That's a bummer.** [015]

B But I absolutely **killed it** [006] in there! They loved me! I got the job!

A Wow! You must be **over the moon!** [106]

A 면접 어땠어?

B 내가 예상한 질문들을 하나도 안 물어봤어. 완전 즉흥적으로 해야 했지.

A 그거 안됐네.

B 근데 완전 다 끝장내고 왔어! 날 맘에 들어 했어! 합격했다고!

A 와! 완전 기분 좋겠다!

absolutely 완전히, 굉장히 **must be** ~임에 틀림없다, ~하겠다

097

Sorry is not gonna cut it.

미안하단 말로 안 넘어가.

'주어 is not gonna cut it'은 '~로는 안 잘려'에서 비롯된 표현으로 '~로는 부족하다'는 뜻입니다. 또 '충분하지 않다(not enough)'는 뜻이기 때문에 항상 부정문으로 쓰인다는 점에 유의하세요! 이 표현으로 가장 많이 쓰는 문장 중 하나는 Sorry is not gonna cut it.이에요. 화를 풀거나 만회하기에 미안하다는 말로는 부족하다는 뜻으로 로맨틱 코미디에 자주 등장하는 단골 대사 중 하나예요.

Sorry is not gonna cut it this time.
이번에는 미안하단 말로 안 넘어가.

이뿐만 아니라 이 표현은 업무, 일, 실력을 평가할 때도 사용되고, 요리할 때도 자주 사용됩니다.

This is not gonna cut it. Do it again.
이걸로는 안 돼. 다시 해 와.

Two spoons are not gonna cut it. Add some more sugar.
두 스푼으로는 부족해. 설탕 조금 더 넣어.

MP3 🎧 #097

A I'm sorry for… lying and going drinking with my friends.

B It's okay. **It's water under the bridge.**[100]

A **I take it**[005] you're still mad?

B **Duh!**[081] Sorry is not gonna cut it this time.

A What can I do to make it up to you?

A 거짓말하고 친구들이랑 술 마시러 가서… 미안해.

B 괜찮아. 다 지나간 일인데 뭐.

A 보니까 아직 화난 거 같은데?

B 그걸 말이라고 해! 이번에는 미안하다는 말로 못 넘어가.

A 어떻게 하면 화 풀 거야?

● ● ● ● ●

mad 화난   **make it up to** ~에게 보상하다

225

098

Significant other
연인, 배우자

significant other는 '중요한 다른 한 사람'의 의미로 '남편, 아내, 애인'을 가리키는 표현이에요.

Everyone is bringing their significant other.
모두 애인이나 배우자랑 온대.

미국에서는 요즘 편견에 대해 매우 민감하죠. 그래서 당연히 이성애자라고 생각하고 '남자친구/여자친구 있으세요?'라고 물으면 무례하게 들릴 수도 있어요. 사람의 나이만 보고 '결혼하셨어요?' 하고 물어보는 것도 마찬가지예요. 나이 많은 사람이 싱글일 수도 있고 상대방이 동성애자일수도 있기 때문에 조심스럽게 significant other를 쓰는 경우가 많아요.

Do you have a significant other?
혹시 애인이나 배우자 있으세요?

You can bring your significant other.
애인이나 배우자와 같이 오셔도 돼요.

인생팁 네이티브가 자주 쓰는 애칭 알아보기
한국에서는 애인이나 가족에게 호박이라고 하면 화내겠죠? 하지만 영어로 pumpkin은 매우 흔한 애칭입니다. 이뿐만이 아니라 sweet pea, honey, sweetie 등 다양한 애칭이 사용되죠.

MP3 #098

A Who did you invite to the party this Friday?

B Dave, Chris, Ben, Aileen, and Katherine.

A I heard Aileen recently started seeing someone.
Should we invite her boyfriend to the party, too?

B Significant other. You shouldn't just assume. It's **etiquette 101**. [083]

A Right. It's 2021 **after all**. [037]
I didn't **think it through**. [048]

A 이번 주 금요일 파티에 누구누구 초대했어?

B Dave, Chris, Ben, Aileen하고 Katherine.

A Aileen이 최근에 누구 만나기 시작했다고 하더라.
파티에 걔 남자친구도 초대할까?

B 애인이라고 해야지.
그냥 넘겨짚으면 안 돼.
기본 에티켓이야.

A 그래. 이제 2021년이지.
(시대가 바뀌었지.)
내가 생각이 짧았어.

see (애인으로) 만나다, 사귀다   **assume** 추측하다, 넘겨짚다

099

You're one to talk.

사돈 남 말 하시네.

You're one to talk.는 자기 잘못은 돌아보지 않고 다른 사람의 잘못이나 실수에 대해 지적하거나 비판하는 상대방에게 맞대응할 때 쓸 수 있는 표현이에요. 영화나 미드에서 말다툼하는 장면에 종종 등장하는 표현이죠.

A Liar! 거짓말쟁이!

B You're one to talk. 사돈 남 말 하시네.

You're one to talk.와 같은 의미의 표현으로 Look who's talking.도 있어요. 이 역시 미드나 영화에서 자주 사용되는 표현입니다. 지금 말하고 있는 너도 그런 말을 할 자격이 없다는 뜻이죠.

A You're always late.
넌 맨날 늦냐.

B Look who's talking.
네가 할 말은 아닌 거 같은데.

두 문장 다 통으로 외우면 됩니다. 한국어로는 '사돈 남 말 하시네, 네가 할 말은 아닌 거 같은데' 정도의 해석이 자연스러워요.

MP3 #099

A **I wasn't born this morning.**[109]

B I'm telling you the truth!

A I don't **believe**[043] you.
This isn't the first time you've lied to me.

B **You're one to talk.**
I'm still waiting for your apology for last week.

A **Don't hold your breath.**[116]

A 누굴 바보로 아니?

B 진짜야!

A 못 믿겠어.
네가 나한테 거짓말한 게 이번이 처음이 아니잖아.

B 네가 할 말은 아닌 거 같은데.
네가 지난주 일에 대해 사과하기를 아직 기다리고 있어.

A 사과 기대하지 마.

truth 진실, 사실　　**apology** 사과

100

It's water under the bridge.

다 지나간 일이야.

네이티브가 많이 쓰는 관용표현 중 하나인 water under the bridge는 안 좋은 일을 겪었거나 다툼이 있었지만 다리 밑에 흐르는 강물처럼 다 지나간 일이라는 뜻이에요. 따라서 water under the bridge는 '이미 지나간 일, 끝난 일, 어쩔 수 없는 일'을 의미해요.

It's water under the bridge. We're good.
다 지나간 일이야. 우리 사이 괜찮아.

It doesn't matter. It's water under the bridge.
이제 상관 없는 일이야. 다 지나간 일인데 뭐.

Don't worry about it. It's water under the bridge.
신경 쓰지 마. 다 지나간 일인데 뭐.

주어는 항상 지시대명사 It을 사용하면 됩니다. It's water under the bridge.를 통째로 외워두세요!

MP3 🎧 #100

A I'm sorry about **earlier**.<u>036</u>

B Don't worry about it.
   It's water under the bridge.

A No, **hear me out**.<u>045</u>
   I shouldn't have **jumped to conclusions**<u>093</u> like that.
   It won't happen again.

B **To be fair**,<u>023</u> it did seem like I had lied.

A I still should've believed you.
   I'm sorry.

A 아까는 내가 미안했어.

B 신경 쓰지 마.
   다 지난 일인데 뭐.

A 아냐. 내 말 좀 들어줘.
   그렇게 섣불리 결론지면
   안 됐었어.
   다시는 그런 일 없을 거야.

B 솔직히 내가 거짓말한 것처럼
   보이기는 했었어.

A 그래도 널 믿었어야 했는데.
   미안해.

● ● ● ●

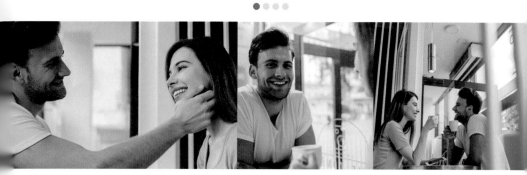

shouldn't have p.p. ~하지 않았어야 했는데

REVIEW 5

앞에서 배운 진짜 미국식 영어 표현을
이해해 보세요.

Chris	Can I **run something by**[091] you?
Dennis	Sure, what's up?
Chris	Do you remember Kelly Kim?
Dennis	No, the name doesn't **ring a bell.**[085]
Chris	Well, I really like her, but it kind of feels like she's **leading me on.**[092] I don't know what to do.
Dennis	You should just tell her how you feel. Communicate. It's **relationship 101.**[083]
Chris	You don't think that's **jumping the gun?**[093]
Dennis	**Every so often,**[095] you just have to go for it. She might be waiting for your call **even as we speak.**[090]
Chris	Okay… dating is so hard!
Dennis	**Tell me about it!**[086]

Chris   뭐 좀 물어봐도 돼?

Dennis   응, 무슨 일인데?

Chris   Kelly Kim이라고 기억나?

Dennis   아니, 못 들어본 거 같은데.

Chris   내가 진짜 좋아하는 애인데 조금 어장 관리를 당하는 느낌이야.
           어떻게 해야 할지 모르겠어.

Dennis   그냥 네 감정을 얘기해봐.
           네 마음을 전해야지. 연애의 기본이야.

Chris   섣부른 행동 같지는 않아?

Dennis   가끔은 그냥 확 질러야 돼.
           지금 이 순간에도 걔는 네 연락을 기다리고 있을지도 몰라.

Chris   알았어⋯ 연애 참 어렵다!

Dennis   내 말이!

---

communicate (생각, 느낌 등을) 전하다, 알리다   **go for** 시도하다, 지르다

101

I'm rooting for you.

널 응원해.

보통 '응원한다'고 하면 cheer for를 많이 떠올리죠? 춤추고 소리 지르며 응원한다면 cheer for를 쓰는 게 맞지만 그런 응원이 아니라면 이상한 표현이 됩니다. 보통 일상에서 마음속으로 '응원한다'고 말할 때는 root for를 씁니다.

People were **cheering** loudly **for** Korea to win.

사람들은 한국이 이기기를 큰 소리로 응원하고 있었다.

I've always **rooted for** you two to get together!

난 항상 너희 둘이 잘되기를 응원했어!

곤경에 처한 사람을 응원한다고 말할 때, 스포츠 경기에서 어느 팀이나 선수를 마음속으로 응원한다고 말할 때는 root for로 표현하세요.

You know I'll always **root for** you.

내가 널 항상 응원하는 거 알지?

MP3 🎧 #101

A I'm not gonna **half ass**[062] this. My promotion **is on the line**[117] here.

B I'm sure you're gonna **crush it.**[006]

A I'm gonna **work my ass off**[072] for this promotion!

B I'm rooting for you!

A Thanks for always believing in me.

B Don't mention it!

A 대충 하지 않을 거야. 내 승진이 달린 문제야.

B 넌 완전 잘할 거야.

A 승진하기 위해 엄청 열심히 해야지!

B 난 널 응원해!

A 항상 날 믿어줘서 고마워.

B 별 말씀을!

● ● ● ●

promotion 승진

102

Speaking of which
그나저나

speaking of which는 중요한 filler phrase 중 하나예요. speaking of ~(~ 얘기가 나와서 말인데)는 대화 도중에 비슷한 주제의 이야기가 나왔을 때 사용하면 좋은 표현이죠. speaking of 뒤에는 주제가 되는 단어를 말하면 됩니다. speaking of which로 통일하거나 그냥 speaking of 까지만 말해도 됩니다.

Speaking of Sarah, where is she?
사라 얘기가 나와서 말인데 걔 어디 있어?

Speaking of which, do you wanna grab some lunch?
그나저나 (음식 얘기가 나와서 말인데) 점심 먹을래?

인생팁 **by the way** *vs.* **speaking of** *vs.* **now that you mention it** 구분하기

주제를 완전히 바꿀 때는 by the way(그런데), 비슷한 주제로 전환할 때는 speaking of(그나저나), 같은 주제에 대해 뭔가 생각이 났을 때는 now that you mention it(네 말을 듣고 보니)을 씁니다.

So that's what happened. **By the way**, where's Lisa?
그래서 그렇게 된 거야. 그런데 Lisa는 어디 있어?

A: I had lunch with Dave yesterday. 어제 Dave랑 점심 먹었어.
B: **Speaking of** Dave, is he still working at the university? 그나저나 걔 아직도 대학교에서 일해?

A: Katherine looked sad today. 오늘 Katherine이 슬퍼 보이더라.
B: **Now that you mention it**, she did look a little down.
　　네 말을 듣고 보니 조금 다운돼 보이긴 했어.

MP3 🎧 #102

(A and B are talking about work.)

A **By the way,** you wanna grab lunch? I'm hungry.

B Sounds good. You wanna try that new burger place?

A Yeah, I'll call Nelly.

B **Speaking of** Nelly, I heard she's seeing someone!

A Really? Good for her!

(A와 B는 일에 대해 얘기하고 있다.)

A 그나저나 점심 먹을래? 배고프다.

B 좋아. 새로운 햄버거 집 가볼래?

A 그래, Nelly한테도 전화할게.

B 아, Nelly 말이야, 만나는 사람 생겼다던데.

A 진짜? 잘됐다!

grab lunch 점심을 먹다　　**burger place** 햄버거 가게

237

103

Are you hitting on me?

작업 거는 거예요?

hit on은 '~에게 수작을 걸다, 집적거리다'라는 의미로, 영화에 정말 자주 등장하는 표현이죠. 한국에서도 '작업 걸다, 대시하다, 집적거리다' 등 표현의 뉘앙스가 조금씩 다르듯이 hit on도 어떤 뉘앙스인지 알아야 제대로 쓸 수 있어요. hit on은 살짝 부정적인 뉘앙스예요. 연인 관계로 발전하고 싶어서 사귀려는 의도로 꼬시려고 들이대는 행동을 말하거든요.

Are you hitting on me?

지금 저한테 작업 거시는 거예요?

Stop hitting on everyone you see!

보이는 사람마다 집적거리지 좀 마!

한 가지 더! flirt with(집적거리다)도 있는데요. 이 표현은 긍정적이지도 부정적이지도 않은 뉘앙스로 특별한 목적 없이 가볍게 호감을 드러내는 것을 의미해요. 서로 자연스럽게 터치를 하거나 재미있게 농담을 하며 호감을 드러내는 것을 말해요.

You flirt with women on the phone all day.

넌 하루 종일 여자들이랑 휴대폰으로 시시덕거리지.

MP3 #103

A I see it's true that **birds of a feather flock together**.[120]

B Excuse me?

A I'm just saying you are both very beautiful.

B Are you hitting on us?

A I'm here with a friend of mine. **What do you say**[011] we buy you a drink?

B We're both married. Sorry.

A 끼리끼리 논다는 말이 맞네요.

B 네?

A 그냥 두 분 다 매우 아름다우시다고요.

B 지금 작업 거시는 거예요?

A 친구랑 같이 왔는데 저희가 술 한잔 사드릴게요. 어때요?

B 저희 둘 다 유부녀예요. 죄송해요.

● ● ● ●

Excuse me? 네?, 뭐라고 하셨나요?

104

I just dropped by to say hello.

잠깐 인사하려고 들렀어.

drop by는 '잠깐 들르다'라는 뜻인데 하늘에서 뚝 떨어지듯 사전에 연락 없이 불시에 들른다는 뉘앙스가 있어요. 그래서 drop by는 장소가 중요하다기보다 장소에 있는 사람을 만나러 들른다는 의미가 강해요. 따라서 슈퍼에 맥주를 사러 drop by하는 것은 좀 어색하죠.

Why don't we **drop by** Nelly's place on the way? 가는 길에 Nelly 집에 들르는 거 어때?

You can **drop by** any time.
언제든 들러.

인생팁 '들르다' stop by *vs.* swing by *vs.* pop by 뉘앙스 알아보기

stop by, swing by, pop by도 전부 '(목적지에 가는 길에 다른 곳을) 들르다'는 표현인데요. 굳이 따지자면 stop by는 '(특별한 이유나 목적을 가지고) 들르다', swing by는 '(특정한 장소로 가다가 방향을 틀어) 들르다', pop by는 '(갑자기 불쑥 별안간) 들르다'라는 뉘앙스가 있어요. 하지만 크게 구분해서 쓰지는 않아요.

Let's **stop by** the store and get some beer. 슈퍼에 들러서 맥주 좀 사자.

I'll **swing by** your office. 너희 사무실에 잠깐 들를게.

I just thought I'd **pop by** for some lunch. 들러서 점심 먹을까 생각했지.

MP3 #104

A Sorry for dropping by like this.
I was in the neighborhood.

B That's okay. I was just getting off
work anyway.
What do you say[011] we grab
a drink?

A Sounds good.
Let's swing by 7-Eleven first.
Oh, and doesn't what's her name
work around here, too?

B Lisa? Yeah. Should we give her
a call?

A Yeah, the more, the merrier.

A 말도 없이 이렇게 들러서 미안해.
근처에 있었어.

B 괜찮아. 어차피 막 퇴근하려던
참이었거든.
술이나 한잔 어때?

A 좋아.
세븐일레븐에 먼저 들르자.
그리고 그 누구냐 걔도
이 근처에서 일하지 않아?

B Lisa? 응. 걔도 전화해볼까?

A 그래. 많을수록 좋지.

neighborhood 근처, 인근   **get off work** 퇴근하다   **grab a drink** 술 한잔하다

105

1 year
and counting
1년째

'숫자 + 단위 + and counting'은 네이티브가 정말 많이 쓰는 표현입니다. '~ 년째 근무 중이다, ~년째 사귀고 있다'와 같이 기간을 말할 때 아주 많이 사용돼요. count 는 '(수)를 세다'라는 의미인데 counting 하면 현재진행의 뉘앙스가 있어 시간이 흐를수록 그 수가 계속 늘어난다는 뜻이 됩니다. 언급된 숫자가 아직도 실시간으로 증가 중이라는 뉘앙스를 더해주는 표현이죠.

We've been together for 2 years and counting.

우리는 2년째 사귀고 있어.

뉴스에서 질병이나 사고로 인한 사망자 수를 실시간으로 보도할 때도 자주 등장하는 표현입니다.

The death toll due to the flu is at 422 and counting.

독감으로 인한 사망자 수는 422명이며 아직도 증가 중이다.

MP3 #105

A I've always **rooted for**[101] you to get together.
I can't **believe**[043] you're getting married!
How long have you guys been together?

B 6 wonderful years **and counting**.
Speaking of[102] the wedding… we wanted to ask you if you would like to officiate it.

A It'd be my honor! I'm **psyched!**[014]

B Awesome! Thank you so much.

A 난 항상 너희가 잘되기를 응원했는데.
이제 결혼을 하다니!
둘이 만난 지 얼마나 됐지?

B 행복하게 6년째 만나고 있지.
결혼식 얘기가 나와서 말인데…
혹시 네가 주례 봐주지 않을래?

A 영광이지! 완전 신난다!

B 잘됐다! 정말 고마워!

officiate 주례를 서다, 식을 집행하다 **honor** 명예, 영광

106

I'm over the moon.

엄청 기뻐.

over the moon은 말 그대로 달 위를 둥둥 떠다니는 것처럼 무척 기쁘고 황홀한 기분을 나타내요. '매우 기쁜, 너무나도 만족한, 몹시 행복한'의 의미로 형용사처럼 사용하는 표현입니다. 옛 동요에서 파생된 표현이라고 해요.

You must be over the moon that you got that promotion! 승진해서 엄청 기쁘겠다!

If I pass this test, I'm gonna be over the moon.
이번 시험 합격하면 진짜 행복할 거 같아.

비슷한 의미의 표현으로 on cloud nine(너무나 행복한)도 있어요. 책이나 영화에서도 종종 볼 수 있는 표현이에요.

She said yes! I'm on cloud nine.
(청혼 후) 그녀가 받아들였어! 너무 행복해.

MP3 🎧 #106

A Gloria was over the moon to hear that you're coming back to Korea.

B Yeah, it's been too long.
Speaking of[102] Gloria, you know I had a crush on her in high school?

A She's still gorgeous, you know.

B **Where are you going with this?**[040]

A I'm just saying, we should all **catch up.**[074]

A 네가 한국으로 돌아온다는 소식 듣고 Gloria가 엄청 좋아했어.

B 그러게, 정말 오랜만이다. 그나저나 내가 고등학교 때 Gloria 좋아했던 거 너 알아?

A 걔 아직도 엄청 예뻐.

B 하고자 하는 말이 뭐야?

A 그냥 다 같이 모여서 회포나 풀자고.

● ● ● ●

come back to ~로 돌아오다   **have a crush on** ~에게 한눈에 반하다
gorgeous 아주 멋진, 아름다운

107

She's bent out of shape.

걔 삐졌어.

한국인들이 궁금해하는 표현 중 하나가 '삐지다'인데요. '삐지다'는 단순히 화가 난 게 아니라 기분 나쁘게 받아들여서 짜증이 나거나 속상한 상태를 말합니다. 이 뉘앙스를 가진 표현이 바로 be bent out of shape예요. 구부러져서(be bent) 형태가 찌그러진(out of shape) 상태를 머릿속에 그려보면 삐져서 삐뚤어진 모습이 연상되지 않으세요?

He's really bent out of shape about us not inviting him yesterday.

우리가 어제 초대 안 해서 걔 완전 삐졌어.

be bent out of shape은 사전에서 찾아보면 to take offense, to become angry, to be agitated or upset이라고 나오는데, 한국어의 '삐지다'에 가장 가까운 표현이랍니다.

Why are you getting so bent out of shape?

왜 이런 거 가지고 삐지고 그래?

Don't get all bent out of shape. I said I'm sorry.

삐지지 마. 내가 미안하다 했잖아.

MP3 🎧 #107

A **What's with** [047] Song today?

B She's `bent out of shape` because I forgot to call her last night.

A Lover's quarrel?

B It's okay. I'll just get her that **whatchamacallit** [030] later.

A Oh, yeah, **I've been meaning to** [056] ask you. What is that thing you get her all the time when she's upset?

B Flowers and a handwritten letter!

A 오늘 Song 왜 저래?

B 어젯밤에 내가 까먹고 전화 안 해서 삐졌어.

A 사랑 싸움이냐?

B 괜찮아. 나중에 그 뭐냐 그거 하나 사다주면 돼.

A 아 그래. 옛날부터 물어보고 싶었는데, 걔가 화났을 때 맨날 사다주는 그게 뭐야?

B 꽃과 손편지!

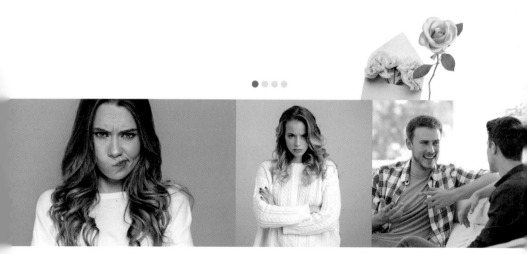

lover's quarrel 연인들의 다툼, 사랑 싸움 **handwritten** 손으로 쓴

108

You wanna make it interesting?

내기할래?

돈이 걸려 있으면 뭐든지 항상 더 흥미롭지 않나요? make it interesting(흥미롭게 만들다)은 '내기하다'라는 뜻이에요. 그리고 네이티브는 make it interesting으로 다음과 같이 딱 2문장만 말합니다. You wanna make it interesting?과 Let's make it interesting. 그러니 꼭 외웠다가 써보세요!

A **I bet it's gonna rain tomorrow.**
내일 비가 올 거 같아.

B **You wanna make it interesting?**
내기할래?

내기할 때 '~한다에 얼마 건다'라고 말하잖아요. 그럴 때는 'I'll bet you 얼마 that절' 패턴을 쓰면 됩니다.

Let's make it interesting. I'll bet you 10,000 won that I'll finish before you do.
내기하자. 내가 너보다 빨리 끝낸다에 10,000원 걸게.

MP3 🎧 #108

A **I have a gut feeling** [016] Korea is going to beat Germany.

B You know I'm **rooting for** [101] Korea… but realistically, Germany is too strong.

A **You wanna make it interesting?** I bet 10,000 won that Korea is going to win.

(After the match)

B Korea won **after all.** [037]

A Ha-ha, pay up!

A 왠지 직감이 한국이 독일을 이길 거 같아.

B 나도 한국 응원하는 거 알잖아… 근데 현실적으로 독일은 너무 강해.

A 내기할까? 한국이 이긴다에 10,000원 걸게.

(경기가 끝나고 나서)

B 결국 한국이 이겼네.

A 하하, 돈 줘!

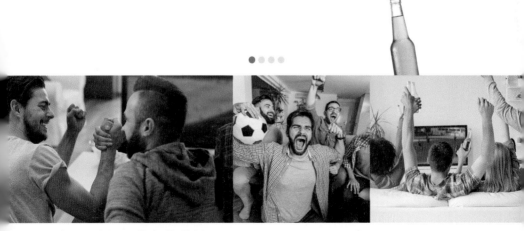

beat 이기다　**realistically** 현실적으로

109

I wasn't born this morning.

누굴 바보로
아나.

'내가 바보로 보여?', '내가 그것도 모를 것 같아?' 이런 말을 할 때 Do I look like a fool?처럼 직역해서 말했나요? 하지만 네이티브는 그렇게 직접적으로 말하지 않아요. I wasn't born this morning.(누굴 바보로 아나.)이라고 표현하죠. 오늘 아침에 태어났으면 갓난아기겠죠? 그리고 갓난아기들은 아무것도 모르잖아요. 그래서 바보로 취급하냐는 이야기가 된답니다.

> **I wasn't born this morning. I know you're lying.** 누굴 바보로 아나. 거짓말인 거 다 알아.

> **As if. I wasn't born this morning.**
> 퍽이나. 누굴 바보로 아나.

이 표현은 가끔 I wasn't born yesterday. 같이 조금씩 변형해서 사용되기도 합니다.

A **I'm sorry I didn't reply. I fell asleep.**
답장 안 해서 미안해. 잠들었어.

B **I wasn't born yesterday. You were active on social media!**
누굴 바보로 아나. 너 SNS상으로는 활동 중이던데!

MP3 #109

A So… you're gonna help me.
   No strings attached?[069]
   Something doesn't add up.[114]

B I'm serious.
   I want to invest in your business.

A **I wasn't born this morning.**
   This is a scam.

B All right, why don't you **sleep on it**[075] and **get back to me?**[019]

A I need to **run it by**[091] my partner, too.

A 그러니까… 아무 조건 없이 나를 도와주시겠다고요?
   뭔가 앞뒤가 안 맞아요.

B 진심이에요.
   당신 사업에 투자하고 싶어요.

A 누구를 바보로 아시나.
   이거 사기죠.

B 알았어요. 그러면 내일까지 생각해보시고 연락 주세요.

A 제 파트너와도 상의해봐야 해요.

add up 말이 되다, 앞뒤가 맞다   **invest in** ~에 투자하다   **scam** 사기

251

110

I know the number by heart.

번호 달달 외우고 있어.

무언가를 머리로만 알고 있는 게 아니라 가슴으로도 알고 있다면 완벽하게 외우고 있다는 뜻이겠죠? know ~ by heart는 '~을 완벽하게 달달 외우다'라는 뜻입니다.

I still **know** her number **by heart.**

아직도 그애 전화번호를 외우고 있어.

I love this song! I **know** the lyrics **by heart.**

이 노래 완전 좋아! 가사도 완벽하게 외우고 있지.

주의해야 할 부분은 '기억하다'가 아니라 '외우다'라는 뜻이라는 거죠. 보통 글이나 번호, 가사를 외우고 있다고 말할 때 많이 사용하는 표현입니다. 그리고 know 대신에 learn을 사용한 learn ~ by heart도 같은 뜻의 표현이에요.

You need to **learn** this **by heart.**

너 이거 달달 외워야 돼.

Did you **learn** all this **by heart?**

너 이걸 다 외운 거야?

당연히 memorize(암기하다)를 사용해도 괜찮지만, 네이티브가 자주 쓰는 표현까지 알고 있어야 의사소통이 되겠지요?

MP3 #110

A Oh, I love this song!
   I still **know** the lyrics **by heart**.

B **That makes two of us,** [111] ha-ha.

A We used to **crush it** [006] at the
   karaoke bar, Remember?

B Yeah, this song is an oldie but
   a goodie.

A Don't you miss high school
   sometimes?

B Yeah, sometimes… but I'm happy
   now, too.

A 이 노래 완전 좋아!
   아직도 가사를 외우고 있어.

B 나도 마찬가지야, 하하.

A 우리 노래방에서 이거 완전
   죽여주게 불렀잖아, 기억나?

B 그럼, 이 노래는 오래됐지만
   명곡이지.

A 가끔 고등학교 시절이 그립지
   않아?

B 응, 가끔은… 근데 난 지금도
   행복해.

lyrics 노랫말, 가사   **karaoke** 노래방   **oldie but (a) goodie** 오래됐지만 좋은 것[사람]

253

111

That makes two of us.

나도 마찬가지야.

상대방의 말에 공감하거나 동의할 때 네이티브는 Me too. 외에 That makes two of us.라는 표현도 많이 사용합니다.

A I don't know what to do.
어찌해야 할지 모르겠어.

B That makes two of us.
나도 마찬가지야.

영화나 미드에도 정말 자주 나오는데, 사실 이 표현은 단순히 '나도.'라는 뉘앙스가 아닙니다. 항상 그런 것은 아니지만 거의 대부분 '나도 똑같이 안 좋은 상황에 놓여 있다'처럼 부정적인 의미를 담고 있어요. 다시 말해 '나도 행복해'보다는 '나도 힘들어'에 가까운 표현이에요.

A I had the worst day ever.
오늘 진짜 최악의 하루였어.

B That makes two of us.
나도 마찬가지야.

MP3 🎧 #111

A I've been studying English for over a year, but I'm not improving much.

B **That makes two of us.**

C Hey, you guys should try Real Life_ Eng.
You can't go wrong with[087] it.

A Real Life_Eng? The name kind of **rings a bell.** [085]

B Yeah, I think I've heard of it, too.

C You've probably seen it on Instagram!

A 지금 1년 넘게 영어공부 중인데 별로 안 느는 거 같아.

B 나도 마찬가지야.

C 야, 너희들 '인생영어' 해봐. '인생영어'는 절대 후회할 일 없어.

A 인생영어? 어디서 들어본 거 같은데.

B 응, 나도 들어본 거 같아.

C 아마 인스타그램에서 본 적 있을 거야!

improve 개선하다, 향상시키다

112

I'm gonna give him a piece of my mind.

걔한테 한마디 해야겠어.

give ~ a piece of one's mind 는 '~에게 한마디 하다, 싫은 소리를 하다'라는 뜻이에요. 한국어로는 '한마디 한다'고 표현하지만 영어로는 '내 생각 한 조각을 준다'고 표현하죠.

He told you what? I'm gonna give him a piece of my mind.

걔가 너한테 뭐라고 했다고? 걔한테 한마디 해야겠어.

이 표현은 상황에 따라 누구에게 한마디를 하는지 대상과 시제만 바꿔 사용하면 됩니다.

That waiter was extremely rude, so I gave him a piece of my mind.

그 웨이터가 엄청나게 무례하게 굴어서 내가 한마디 해줬어.

이처럼 한국어와 다른 방식의 네이티브 표현들은 그때그때 익혀두면 좋아요.

MP3 🎧 #112

A Your boyfriend did what?
Where is he? I'm gonna **give him a piece of my mind**.

B Forget it.
He apologized for **ghosting** [032] me.

A What are you gonna do if he does it again?

B We'll **cross that bridge when we get to it.** [070]

A You're too nice. I would've been furious.

B I will be too if this happens again.

A 네 남자친구가 뭐 어쨌다고?
지금 걔 어디 있어?
한마디 해줘야겠어.

B 관둬.
연락 씹은 거에 대해서는
사과했어.

A 또 그러면 어쩌려고?

B 그건 그때 가서 생각해보자.

A 넌 너무 착해.
나였으면 난리 났다.

B 다음에 또 이러면 나도
그럴 거야.

● ● ● ● ●

Forget it. 잊어버려.. 관둬.　　**apologize** 사과하다　　**furious** 몹시 화가 난

113

Give me some sugar.

뽀뽀해줘.

네이티브는 '뽀뽀'나 '포옹'을 비유적으로 설탕처럼 달달하다는 의미에서 sugar라고 해요. 그래서 뽀뽀해 달라거나 포옹해 달라고 할 때 Give me some sugar.라고 말합니다. 사실 그렇게 자주 사용하는 표현은 아니지만 뽀뽀나 포옹을 부르는 사랑스러운 표현이죠.

A Give me some sugar!
뽀뽀!

B For the love of God, people are watching!
제발 좀, 사람들이 쳐다보잖아!

살짝 오글거리기도 하고 정말 능글맞게 잘 소화하지 않으면 애인이 이상하게 쳐다볼 수 있으니 주의하세요. 이 표현은 연인뿐만 아니라 친구나 부모자식 간에도 사용할 수 있답니다.

Where's my baby girl? Give daddy some sugar!
우리 딸 어디 있어? 아빠 뽀뽀해줘야지!

MP3 #113

A **I've missed you so much! Give me some sugar!**

B Here? People are watching.

A What people? All I see is you!

B Stop it. You're making me blush!

A I'm never leaving your side ever again!

B **I'm gonna hold you to that.**[073]

A By the way, what do you want for lunch?

A 너무 보고 싶었어!
뽀뽀!

B 여기서? 사람들 보잖아.

A 어떤 사람들? 내 눈에는 너밖에 안 보이는데!

B 그만해. 부끄러워!

A 다시는 자기 곁을 떠나지 않을 거야!

B 약속한 거다?

A 그나저나 점심 뭐 먹을래?

● ● ● ●

Stop it! 그만 좀 해!　**blush** 얼굴을 붉히다, 부끄러워하다　**ever again** 다시는

259

114

Something doesn't add up.

뭔가 앞뒤가 안 맞아.

add up은 '합산하다'는 뜻으로 Something doesn't add up. 하면 '뭔가 계산이 안 맞다', 즉 '앞뒤가 안 맞는 상황이다'라는 의미가 됩니다. 실생활에서는 쓸 일이 많지 않지만 미드나 영화에 정말 자주 나오는 표현이죠.

Something doesn't add up.

뭔가 앞뒤가 안 맞아.

His story doesn't add up.

걔 이야기는 앞뒤가 안 맞아.

수학 문제 풀 듯 고민해보지만 답이 보이지 않을 때 이 표현을 쓰면 딱 맞습니다. 비슷한 표현으로 It doesn't make sense.도 있어요. '말이 안 된다'는 뜻이죠.

This doesn't make sense. Why would he do this? 이건 말이 안 돼. 걔가 왜 이런 짓을 하겠어?

Your story doesn't make sense. I don't believe you. 네 이야기는 말이 안 돼. 못 믿겠어.

MP3 🎧 #114

A He said he wasn't at the scene of the crime… but we have a witness that places him there.
Something doesn't add up.

B **Speaking of** that,[102] did you check his alibi?

A Yeah, it checks out.

B Hey, show me the notes you **jotted down**[084] during his interrogation.

A Here you go.

A 그는 사건 현장에 없었다고 했는데… 그를 거기에서 봤다는 목격자가 있어요.
뭔가 앞뒤가 안 맞아요.

B 그나저나 그 사람 알리바이는 확인해봤어?

A 네, 사실이에요.

B 취조할 때 받아 적은 노트 좀 보여줘.

A 여기 있습니다.

witness 목격자 **alibi** 알리바이 **interrogation** 심문, 취조

115

Go big
or
go home.
하려면 제대로
해야지.

Go big or go home.은 '하려면 제대로 해.'라는 뜻으로 '시도할 수 있는 모든 것을
시도해 보다' 혹은 '스케일을 크게 벌리다'라는 두 가지 뉘앙스로 사용되는 표현이
에요.

I'm gonna try everything I can!
Go big or go home, right?
할 수 있는 건 다 해볼 거야! 하려면 제대로 해야지, 그치?

Go big or go home, right?
Let's throw a huge birthday party!
하려면 제대로 해야지! 성대하게 생일파티를 하자!

만약 '(숙제를 하려면) 제대로 해라' 같은 말에 이 표현을 사용한다면 '숙제를 하려
면 시도할 수 있는 모든 시도를 해봐라'라는 의미가 되어 뉘앙스가 어색하죠. 이런
저런 시도를 해보는 게 아니라 질(quality)을 말하고 싶을 때는 'do 무엇 well'로 말하
면 돼요.

Please do your homework well.
숙제 제대로 해주세요.

MP3 🎧 #115

A I'm throwing a big surprise party for Ben tonight.
I rented out a restaurant and invited 100 people.

B Wow! It must've cost you a fortune!

A It did, but go big or go home, right?
So can you **make it**[004] tonight?

B Yeah, I think so.
I just need to **swing by**[104] my office first.

A 오늘 저녁에 Ben을 위해 깜짝 파티를 크게 할 거야. 레스토랑 전체를 빌려서 100명을 초대했어.

B 와! 돈 꽤나 깨졌겠는데!

A 그랬지. 하지만 하려면 제대로 해야지, 안 그래? 그래서 오늘 저녁에 올 수 있어?

B 응, 그럴 거 같아. 우선 사무실 좀 잠시 들러야 해.

throw a party 파티를 열다 **rent out** ~을 빌리다 **cost ~ a fortune** 어마어마한 돈이 들다

116

Don't hold your breath.

기대하지 마.

Don't hold your breath.는 '일이 일어나기를 기대하지 마라.'의 의미로, 네가 기대하는 그런 일은 일어나지 않을 것이라는 부정적인 의미를 표현합니다. 유래가 재미있어요. 미국에서 아이들은 생떼를 부릴 때 숨을 참는다고 해요. 이런 상황에서 부모님이 '숨 참아봤자 소용없다'고 말한 데서 생긴 표현이라고 해요.

It's not gonna happen. Don't hold your breath.
그럴 일 없을 거야. 기대하지 마.

비슷한 표현으로 Don't get your hopes up.(기대치를 높게 갖지 마.)가 있는데요. 이 표현은 무슨 일이 일어날 거란 기대뿐만 아니라 품질에 대한 기대도 나타내요.

I'm trying not to get my hopes up. The interview didn't go well.
별로 기대 안 하려 해. 면접 잘 못 봤어.

Don't get your hopes up. The movie's not that great.
기대하지 마. 그 영화 그냥 그래.

MP3 🎧 #116

A Sigh… Ben **left me on read**[032] again.

B I told you he's never gonna change. **I wouldn't hold my breath.**

A I'm gonna go **give him a piece of my mind.**[112]

B Yes! Tell him how much he **screwed up!**[027]

A Or maybe I should leave him on read, too.

B Yeah, give him a taste of his own medicine!

A 에휴… Ben이 또 문자 읽고 답이 없어.

B 내가 말했지? 걔 절대 안 바뀌어. 나라면 기대 안 해.

A 가서 한마디 해야겠어.

B 그래! 걔가 얼마나 실수한 건지 똑바로 말해줘!

A 아니면 나도 문자 읽고 답 안 줄까?

B 그래, 받은 대로 돌려줘!

● ● ● ●

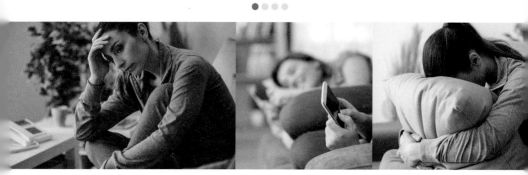

change 변하다, 바뀌다   **give 사람 a taste of one's own medicine** ~에게 받은 대로 돌려주다

265

117

Everything is on the line.

모든 것이
걸려 있어.

'(커리어, 관계, 모든 것 등)이 걸려 있어'라는 표현이 한국어와 똑같이 영어에도 있다는 게 참 재미있죠? 영어에서는 '(커리어, 관계, 모든 것 등)이 걸려 있다, 걸려 있는 문제이다'라는 의미로 be on the line이라는 표현을 쓴답니다.

My life is on the line here.
지금 내 인생이 걸려 있어.

Everything is on the line. I need to crush this.
모든 것이 걸려 있어. 완전 잘 해내야 해.

한 가지 더! '걸려 있다'가 아니라 '위험을 감수하다, (~을) 걸다'라고 강하게 말하고 싶다면 put ~ on the line으로 말하면 됩니다.

I put my career on the line for you!
난 너를 위해 내 커리어를 걸었어!

You need to be willing to put everything on the line.
모든 것을 걸 준비가 되어 있어야 돼.

MP3 🎧 #117

A The future of our company **is on the line**.
We have to **pull this off**. ⁰⁵¹

B Don't worry. We've been **working our asses off**. ⁰⁷²

A Yeah, we did everything we could.

B All we can do now is hope for the best.

A If we fail, **so be it**. ⁰⁸²
But let's give it our best!

A 우리 회사의 미래가 걸려 있어.
꼭 해내야만 해.

B 걱정 마. 우리 정말 열심히
했잖아.

A 그래, 우리는 할 수 있는 모든 걸
했어.

B 이제는 좋은 결과를
기다리는 수밖에 없지.

A 만약 실패한다면 어쩔 수 없지.
하지만 최선을 다해보자!

give one's best 최선을 다하다

118

Don't put on a brave face.

괜찮은
척하지 마.

brave face는 '용감한 얼굴/표정'인데요. put on (~을 착용하다)과 함께 쓰면 '(내 원래 표정이 아닌) 용감한 표정을 착용하다'라는 의미가 돼요. 사실 무섭고 당황스럽지만 겉으로 씩씩한 척, 덤덤한 척, 괜찮은 척한다는 의미죠. 단순히 표정만 괜찮은 척하는 게 아니라 행동까지 괜찮은 척하는 걸 의미합니다.

I've been trying to put on a brave face.

여태 괜찮은 척하려고 노력했어.

'누구 앞에서'를 추가할 때 in front of보다는 보통 전치사 for를 사용합니다. 괜찮은 척은 다른 사람이 걱정할까 봐 다른 사람을 위해서 하는 경우가 많기 때문이죠.

You don't have to put on a brave face for me.

내 앞에서 씩씩한 척 안 해도 돼.

인생팁 **구동사 put on 자세히 살펴보기**

put on은 accent(억양)나 voice(목소리)와 함께 쓰이면 '(원래 목소리가 아닌) ~을 흉내 내다'라는 의미가 됩니다.

He's putting on a Busan accent. 그는 부산 사투리 억양을 흉내 내고 있다.

(실제로 부산 사람이 아닌데 억양을 흉내 내는 것을 의미)

I was putting on a robot voice. 나는 로봇 목소리를 냈다.

(원래 목소리가 아닌 일부러 꾸며낸 목소리를 의미)

MP3 🎧 #118

A **What's with ⁰⁴⁷ you today?**
Something on your mind?⁰⁵⁷

B **I think I'm just coming down**
with a cold.⁰⁴⁹

A **You don't have to** put on a brave
face **for me.**

B **The thing is,⁰⁰⁹ I broke up with**
my Alex yesterday.

A 오늘 너 왜 그래?
무슨 일 있어?

B 그냥 감기 기운이 조금 있는
거 같아.

A 내 앞에서는 괜찮은 척
안 해도 돼.

B 그게 말이야. 어제 Alex랑
헤어졌어.

● ● ● ●

break up with ~와 헤어지다

119

It was a spur-of-the-moment thing.

충동적인
행동이었어.

한국어는 동사 중심의 언어지만 영어는 명사 중심의 언어라는 거 다들 기억하시죠? 한국어로는 '충동적으로 행동했다'고 말하지만 영어로는 '충동적인 행동이었다'고 말합니다. 그래서 우리가 겪을 수 있는 거의 모든 충동적인 상황에서 It was a spur-of-the-moment thing. 이 문장 하나만 말하면 됩니다.

A **What are you doing in Busan?**
너 갑자기 웬 부산이야?

B **It was a spur-of-the-moment thing.**
그냥 갑자기 오게 됐어.

참고로 spur of the moment와 자주 쓰이는 단어는 thing 외에 decision이 있습니다.

This wasn't a spur-of-the-moment decision.
이건 충동적인 결정이 아니었어.

MP3 🎧 #119

(A went out drinking with his friends until late last night without telling B.)

A　Don't **get bent out of shape.**[107] I didn't mean not to tell you. **It was a spur-of-the-moment thing.**

B　Are you sure you didn't just think I wouldn't find out?

A　No, I just didn't want to wake you up. Come here. **Give me some sugar.**[113]

B　Liar! **I wasn't born this morning.**[109]

(A가 B한테 말하지 않고 어젯밤 늦게까지 친구들과 술을 마셨다.)

A　삐지지 마. 말 안 하려고 한 게 아니라 갑자기 만난 거였어.

B　내가 모를 거라고 생각했던 건 아니고?

A　아니야. 그냥 당신이 깰까 봐 그런 거야. 이리 와, 뽀뽀!

B　거짓말쟁이! 누굴 바보로 아나.

● ● ● ●

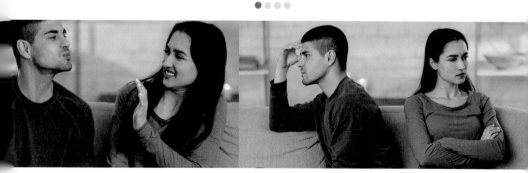

find out 알아내다, 알게 되다　　**wake ~ up** ~를 깨우다

120

Birds of a feather flock together.

끼리끼리 노네.

Birds of a feather flock together.는 '비슷한 성격이나 특징을 가진 사람들끼리 어울린다'는 의미의 관용 표현입니다. 한국어로 '유유상종'이라는 표현과 일맥상통하죠. 우리도 관용어구를 자주 섞어서 말하잖아요. 원어민들도 그렇답니다.

You know what they say. Birds of a feather flock together!

그런 말도 있잖아. 끼리끼리 논다고!

이 표현은 이렇게 문장 통째로 사용하는 경우가 대부분이지만 가끔은 A and B are birds of a feather.(A와 B는 같은 부류다.)라고 응용해서 쓰기도 합니다.

You and I are birds of a feather.

너랑 내가 그리 다르지 않아.

They are both birds of a feather. They are so alike!

개들은 둘이 똑같아. 둘이 정말 닮았지!

한국어와 마찬가지로 긍정적인 의미로도 사용되고 부정적인 의미로도 사용됩니다. 상황이나 분위기를 잘 파악해서 이 말을 적절하게 사용해 보세요.

MP3 🎧 #120

A You two are meant for each other.
You two have so much in common!

B You know what they say! **Birds of a feather flock together.**

A Hey, can I **run something by**[091] you guys?
I met this girl last week.
Long story short,[046] I wanna tell her how I feel, but I don't know how.

B **Go big or go home!**[115]

A You're right! I will call her right now.

A 너희 둘은 진짜 천생연분이다. 둘이 어쩜 그리 닮은 구석이 많냐!

B 끼리끼리 논다는 말도 있잖아.

A 너희한테 뭐 좀 물어봐도 돼? 지난주에 어떤 여자를 만났어. 요약하자면, 고백하고 싶은데 어떻게 해야 할지 모르겠어.

B 하려면 제대로 해야지!

A 네 말이 맞아! 지금 바로 전화해야겠다.

● ● ● ●

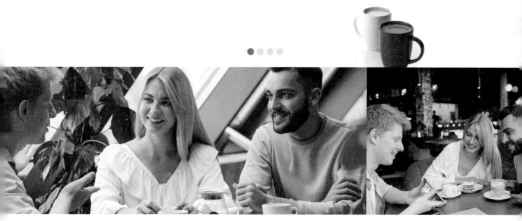

meant for each other 천생연분인　**have in common** 공통점이 있다　**this** 어떤

REVIEW 6

앞에서 배운 진짜 미국식 영어 표현을
이해해 보세요.

Chris   Where's Ben?

Songyi   He said he'd be here in 10 minutes.

Nelly   **I wouldn't hold your breath.**[116]

He's always late, even back in high school.

I'm gonna **give him a piece of my mind**[112] when he gets here.

Bobby   Don't get **bent out of shape.**[107]

Speaking of[102] high school, how long have we been friends?

Dave   12 years **and counting.**[105]

Garam   Wow, I feel super old.

Songyi   **That makes two of us.**[111]

Bobby   I wanna make a toast!

You know what they say. **Birds of a feather flock together.**[120]

I'm always **rooting for**[101] you all.

Here's to another 12 years!

Chris	Ben은 어디 있어?
Songyi	10분 뒤에 도착한대.
Nelly	기대하지 마. 걔는 맨날 늦잖아. 고등학교 때부터. 오면 한마디 해줘야겠어.
Bobby	삐지지 말고. 그나저나 고등학교라, 우리가 친구가 된 지 얼마나 됐지?
Dave	12년째지.
Garam	와, 진짜 늙은 기분이다.
Songyi	나도 마찬가지야.
Bobby	건배하자! 끼리끼리 논다는 말도 있잖아. 난 항상 너희들을 응원한다. 앞으로 12년도 잘 부탁해!

---

get here 여기 오다   **super** 진짜, 매우   **make a toast** 건배하다

INDEX

INDEX

진짜 미국식 영어 표현

60일 완성 **암기 노트**

김유현 지음

동양북스

한 번 공부했다고 해서 쉽게 내 것이 되지 않습니다. 60일 열공 플랜을 이용하여 내 것으로 익혀보세요.

60일 열공 플랜

☐ DAY 01	☐ DAY 02	☐ DAY 03	☐ DAY 04	☐ DAY 05	☐ DAY 06
001 ~ 002	003 ~ 004	005 ~ 006	007 ~ 008	009 ~ 010	011 ~ 012
☐ DAY 07	☐ DAY 08	☐ DAY 09	☐ DAY 10	☐ DAY 11	☐ DAY 12
013 ~ 014	015 ~ 016	017 ~ 018	019 ~ 020	021 ~ 022	023 ~ 024
☐ DAY 13	☐ DAY 14	☐ DAY 15	☐ DAY 16	☐ DAY 17	☐ DAY 18
025 ~ 026	027 ~ 028	029 ~ 030	031 ~ 032	033 ~ 034	035 ~ 036
☐ DAY 19	☐ DAY 20	☐ DAY 21	☐ DAY 22	☐ DAY 23	☐ DAY 24
037 ~ 038	039 ~ 040	041 ~ 042	043 ~ 044	045 ~ 046	047 ~ 048
☐ DAY 25	☐ DAY 26	☐ DAY 27	☐ DAY 28	☐ DAY 29	☐ DAY 30
049 ~ 050	051 ~ 052	053 ~ 054	055 ~ 056	057 ~ 058	059 ~ 060
☐ DAY 31	☐ DAY 32	☐ DAY 33	☐ DAY 34	☐ DAY 35	☐ DAY 36
061 ~ 062	063 ~ 064	065 ~ 066	067 ~ 068	069 ~ 070	071 ~ 072
☐ DAY 37	☐ DAY 38	☐ DAY 39	☐ DAY 40	☐ DAY 41	☐ DAY 42
073 ~ 074	075 ~ 076	077 ~ 078	079 ~ 080	081 ~ 082	083 ~ 084
☐ DAY 43	☐ DAY 44	☐ DAY 45	☐ DAY 46	☐ DAY 47	☐ DAY 48
085 ~ 086	087 ~ 088	089 ~ 090	091 ~ 092	093 ~ 094	095 ~ 096
☐ DAY 49	☐ DAY 50	☐ DAY 51	☐ DAY 52	☐ DAY 53	☐ DAY 54
097 ~ 098	099 ~ 100	101 ~ 102	103 ~ 104	105 ~ 106	107 ~ 108
☐ DAY 55	☐ DAY 56	☐ DAY 57	☐ DAY 58	☐ DAY 59	☐ DAY 60
109 ~ 110	111 ~ 112	113 ~ 114	115 ~ 116	117 ~ 118	119 ~ 120

빠른 학습을 원한다면 30일 집중 플랜을 이용하세요.

30일 집중 플랜

□ DAY 01	□ DAY 02	□ DAY 03	□ DAY 04	□ DAY 05	□ DAY 06
001 ~ 004	005 ~ 008	009 ~ 012	013 ~ 016	017 ~ 020	021 ~ 024
□ DAY 07	□ DAY 08	□ DAY 09	□ DAY 10	□ DAY 11	□ DAY 12
025 ~ 028	029 ~ 032	033 ~ 036	037 ~ 040	041 ~ 044	045 ~ 048
□ DAY 13	□ DAY 14	□ DAY 15	□ DAY 16	□ DAY 17	□ DAY 18
049 ~ 052	053 ~ 056	057 ~ 060	061 ~ 064	065 ~ 068	069 ~ 072
□ DAY 19	□ DAY 20	□ DAY 21	□ DAY 22	□ DAY 23	□ DAY 24
073 ~ 076	077 ~ 080	081 ~ 084	085 ~ 088	089 ~ 092	093 ~ 096
□ DAY 25	□ DAY 26	□ DAY 27	□ DAY 28	□ DAY 29	□ DAY 30
097~100	101~104	105~108	109~112	113~116	117~120

60일 완성 암기노트에는 앞에서 학습한 본문을 복습할 수 있도록 영어 대화문만 수록했습니다. 대화의 상황을 상상하며 내가 그 상황의 당사자가 된 것처럼 말하기 연습을 해보세요. 그리고 공부 순서는 처음에 한 번 소리 내어 읽어보고, 그 다음에는 듣고 따라 하며, 마지막에는 섀도잉으로 마무리하는 것을 추천합니다.

▶ 음원 다운로드

www.dongyangbooks.com 〉 도서자료실 〉 진짜 미국식 영어표현 60일 완성 암기노트

DAY 01

☑ 1st **Read**　　☐ 2nd **Listen & Repeat**　　☐ 3rd **Shadowing**

#001 Imma go now.　☑ ☐ ☐

(on the phone)

A　What you up to?

B　Nothing much. What's up?

A　You up for a drink?

B　Nah, I'm too tired.

A　Come on. Just throw something on and come out. Imma give you 30 minutes. See you at Gangnam Station.

B　Fine. Let me just hit the shower first.

#002 I gotta go.　☐ ☐ ☐

A　Another round?

B　Nah, I gotta go. I promised my girlfriend I would be home by 10:00.

A　Come on. It's only 9:30, and you promised me the other day that you would stay until 12:00.

B　What if my girlfriend calls me to say good night?

A　We'll cross that bridge when we get there.

B　All right. You've talked me into it. One more round!

4

DAY 02

☐ 1st **Read**　　☐ 2nd **Listen & Repeat**　　☐ 3rd **Shadowing**

#003 I'll leave you to it.　☐☐☐

A　Dennis? Wow! It's been a while, huh?

B　Olivia? What a nice surprise!

A　How have you been? Still teaching English?

B　Yeah, same old same old. What about you?

A　Same here. You know how it is. Well, I'll leave you to work but let's catch up soon!

B　Sounds good! Here's my number.

#004 I made it.　☐☐☐

A　I'm meeting up with Dave and Chris tomorrow. You wanna come?

B　Let me get back to you on that. I have to check my schedule.

(10 minutes later)

B　Hey, I think I can make it tomorrow.

A　Awesome! It's been a while since all of us got together. I'm psyched!

DAY 03

□ 1st **Read**   □ 2nd **Listen & Repeat**   □ 3rd **Shadowing**

#005 I take it   □ □ □

(A is yawning.)

B   I take it you didn't get much sleep last night?

A   Yeah... I stayed up all night preparing for today's presentation. I'm a nervous wreck.

B   For what it's worth, I think you're gonna crush it.

A   Thanks. I'll try not to screw it up.

#006 I crushed it.   □ □ □

A   How did your interview go today?

B   Well, I was really nervous, and I even forgot to put on a tie. But long story short, I crushed it! I think I got the job.

A   I'm happy for you! Just don't get your hopes up too much.

B   You're bumming me out.

#007 I'm gonna hit the gym. ☐☐☐

A   I hate my boss so much. I'm seriously gonna quit.

B   Don't jump the gun. You should at least sleep on it.

A   He's by far the worst boss I've ever had.

B   You up for a drink? Let's go blow off some steam.

A   Nah, I'm too tired. Imma hit the sack soon.

#008 Beats me. ☐☐☐

A   Did you hear? Jenny dumped Dave.

B   That's a bummer. Do you know why?

A   Beats me. I should give her a piece of my mind.

B   For the love of God, just stay out of it!
Just mind your own business.

A   But she's my best friend!

DAY 05

☐ 1st **Read**   ☐ 2nd **Listen & Repeat**   ☐ 3rd **Shadowing**

#009 The thing is   ☐☐☐

A I love you.

B It goes without saying that I feel the same way.

A So... we've been dating for about 2 years now.
Do you think we'll get married someday?

B Uh... babe... the thing is... it's not that I don't want
to marry you.
I've just never thought about marriage in general.

A Right... I can take a hint.

#010 Tell you what   ☐☐☐

A I told you we should watch something else.
I told you this movie would suck.
I can't believe I let you talk me into it.

B I'm sorry. Tell you what. Next time, we'll watch
whatever you want.

A And you're gonna pick me up.

B Okay, fine. Let's hit the bar!

A You're also paying for drinks.

DAY 06

#011 What do you say?   ☐ ☐ ☐

A What do you want for dinner?

B How about pasta?

A We had that the other day.
   What do you say we have some *Samgyeopsal* today?
   You can't go wrong with *Samgyeopsal*.

B All right, let me just throw a jacket on.

#012 Is this great or what?   ☐ ☐ ☐

A Yo, how did the job interview go yesterday?

B I absolutely crushed it!
   I think I'm gonna get the position.

A That's great, man.
   I knew you could do it if you put your mind to it.

B Thanks, man. You always believed in me.

A Yeah, am I a great friend or what?

DAY 07

☐ 1st **Read**   ☐ 2nd **Listen & Repeat**   ☐ 3rd **Shadowing**

#013 How did it go?   ☐ ☐ ☐

A How was the date?

B It was all right, but I was a bit under the weather.

A Don't screw this up. She's perfect for you.

B Don't worry. We're texting even as we speak.

A It's a good thing I set you two up.
    Am I a matchmaker or what?

#014 I'm psyched!   ☐ ☐ ☐

A You guys ready for Busan?

B Yes! I'm super psyched.
    I've already finished packing.

C I haven't even started packing yet.

D Speaking of Busan, I rented a Mercedes for us
    to drive there! Go big or go home, right?

DAY 08

☐ 1st **Read**   ☐ 2nd **Listen & Repeat**   ☐ 3rd **Shadowing**

#015 That's a bummer.   ☐ ☐ ☐

A What's with Dave? He seems bummed out .

B Beats me. I've been walking on eggshells around him, too.

A You think we can cheer him up somehow?

B I'll see what I can do, but I have a feeling a beer is not gonna cut it this time.

#016 It's just a gut feeling.   ☐ ☐ ☐

A I have a gut feeling Sonya broke up with Jim.

B This again? She has a boyfriend. Let it go.

A No, I think they've really broken up this time.

B How do you know?

A It's just what my gut tells me.

B Don't get your hopes up.

DAY 09

☐ 1st **Read** ☐ 2nd **Listen & Repeat** ☐ 3rd **Shadowing**

#017 Call it even? ☐☐☐

A Hey, I'm so screwed.

B What's up?

A I completely forgot about today's assignment.

B Don't worry about it. I'll help you out.

A Really? You're a lifesaver!
   How can I repay you?

B Let's call it even since you helped me move last
   week.

#018 I met Amy the other day. ☐☐☐

A Hey, you remember the other day when you
   dropped me off? Did I leave my airpods in your car?

B Yeah, I've been meaning to tell you about that.
   I forgot.

A Ah, thank God. I thought I'd lost them.
   If you bring me my airpods, I'll buy you a drink.

B Nah, you helped me with my report last week.
   Let's call it even. I'll bring them over after class.

A Thanks! You're a lifesaver!

DAY 10

☐ 1st **Read**   ☐ 2nd **Listen & Repeat**   ☐ 3rd **Shadowing**

#019 I'll get back to you. ☐☐☐

A Are we still on for tonight?

B Actually, I think I have to work late again. I'm sorry.

A Again? You said that the other day as well.
Fine. How about next week then?
When are you free?

B I'm gonna have to get back to you on that.
But I promise I'll make time for you next week!

A Okay. I'm gonna hold you to that.

#020 You do you. I'll do me. ☐☐☐

A I think you should play hard to get from time
to time. Leave her on read a few times.
Keep your girlfriend on her toes, you know?

B Thanks, but I think we're good.

A Take it from me. It's relationship 101.

B You do you, and I'll do me, bro.

DAY 11

☐ 1st **Read**   ☐ 2nd **Listen & Repeat**   ☐ 3rd **Shadowing**

#021 Take five?   ☐ ☐ ☐

A You wanna take five?
You seem tired.

B I think I'm coming down with a cold.

A Tell you what. Why don't we call it a night and continue tomorrow?

B No, it's okay. Let's take five and give it another go.

#022 You talk as if you know everything.   ☐ ☐ ☐

A Babe! As of yesterday, I'm officially no longer unemployed!
Throw on a sweatshirt and come out!
Let's go have some *hanwoo*!

B Really? I knew you would pull it off!
Still, a sweatshirt is too shabby.
Let me put on a sundress!

A You talk as if you don't look gorgeous in a sweatshirt.

DAY 12

#023 To be fair ☐ ☐ ☐

A You up for a drink today?

B Nah, I need some me time today.

A Come on. You never come out when I want to drink.

B To be fair, you always say no when I ask you if you want to work out together.

A That's true. Let's call it even.

#024 I need some me time. ☐ ☐ ☐

A What are you doing tonight?

B I was just gonna chill at home.

A Why don't you come out with me and Bobby?

B Nah, I've been working my ass off all week.
I just want to relax. Get some me time.
We'll catch up soon. I promise.

A I'm gonna hold you to that.

DAY 13

#025 Let's blow off some steam!   ☐ ☐ ☐

A   Hon, something on your mind?

B   Nah, I've just been really stressed out.

A   Sounds like you need to blow off some steam.
     What do you say we go out for some *hanwoo*?

B   As of this moment, you're my favorite person in the
     world.

#026 You're a lifesaver!   ☐ ☐ ☐

A   Babe, can you do me a huge favor?

B   What is it?

A   I left my folder at home...
     Can you bring it by the office for me?
     I would go myself, but I have back-to-back meetings.

B   Sure, I'll stop by on my way to work.

A   You're a lifesaver! Love you!

DAY 14

#027 I screwed it up. ☐ ☐ ☐

A   I seriously screwed up at work today.

B   What happened?

A   I gave a presentation in front of my boss, and
I completely screwed it up.
My boss was furious. I'm so screwed.

B   Things happen. You just have to suck it up.

#028 Just throw something on! ☐ ☐ ☐

(at 11:00 PM, a couple is talking on the phone about what's been troubling one of them.)

A   I really want a job in this field, but just in case,
I think I need a plan B.

B   I've been there. Don't worry too much.
I believe in you. You'll be great at whatever you do.

A   Thanks... I wish you were here.

(30 minutes later)

B   Throw something on and come out.
I'm outside your place.

DAY 15

☐ 1st **Read** ☐ 2nd **Listen & Repeat** ☐ 3rd **Shadowing**

#029 Who's up for a coffee? ☐☐☐

A   Babe, you up for a movie?

B   Yeah! I've been wanting to see that new one with Ryan Gosling.

A   No... not another romcom?
Let's go see something I like for a change.

B   To be honest, you have horrible taste in movies.

A   Fine. Let's go watch the new Ryan Gosling movie.

#030 What's his/her face? ☐☐☐

A   Hey, I heard you ran into what's his face the other day.

B   Who? Chris?

A   Yeah, it was the first time since you two broke up, right?

B   Yeah, we started catching up... and we're gonna see each other again next week.
He's texting me as we speak.

A   What? Sleep on it before you do anything stupid.

DAY 16

☐ 1st **Read**   ☐ 2nd **Listen & Repeat**   ☐ 3rd **Shadowing**

#031 I've been there. ☐ ☐ ☐

A   What's with you today?

B   Tina dumped me the other day.

A   Ahh... I've been there. Don't worry. You'll get over it, buddy.

B   I just want to be in love again.

A   Been there, done that. Let's enjoy the single life!

#032 Don't leave me on read! ☐ ☐ ☐

A   Bobby left me on read again.

B   I told you he's just leading you on!

A   Don't jump to conclusions.
He might just be busy.

B   For the love of God, hear me out.
Unless he's incarcerated, hospitalized, or there's been a death in the family, a guy will never ghost a girl he's interested in.

DAY 17

#033 Serves you right.　　☐☐☐

A Did you hear? Alex got fired!

B Serves him right for taking credit for OUR work.

A Tell me about it! He got what he deserved.

B By the way, can you walk me through tomorrow's schedule?

A Sure thing.

#034 None whatsoever.　　☐☐☐

A Do you remember Emma from college?

B No, the name doesn't ring a bell.

A She used to be in our physics class.
James had a huge crush on her.

B Hmm... no. I have no memory of her.
None whatsoever.

A Okay, well, long story short, apparently, she's getting married... to William.

B WHAT? William is getting married?

DAY 18

☐ 1st **Read** ☐ 2nd **Listen & Repeat** ☐ 3rd **Shadowing**

#035 Don't be a stranger! ☐ ☐ ☐

A It's been great catching up, but I gotta get going.

B Okay, but we gotta get together more often.
Tell you what. Let's call Dave and Chris and the others and make this a monthly thing.

A Maybe every other month?
Either way, why don't you jot down my email?

B All right, don't be a stranger!

#036 I'm sorry about earlier. ☐ ☐ ☐

A I'm sorry about earlier. I screwed up.

B It's okay. It's water under the bridge.

A No, I should've believed you when you said there was nothing going on between you and her.

B Thank you for saying that.
Trust is relationship 101, you know.

A I know, sweetie. I won't jump to conclusions from now on.

DAY 19

☐ 1st **Read**   ☐ 2nd **Listen & Repeat**   ☐ 3rd **Shadowing**

#037 You were right after all. ☐☐☐

A You were right after all.
I'm sorry I didn't believe you.

B Don't worry about it.
If anything, I'm sorry I got angry.
You don't have to walk on eggshells around me.

A Thanks, buddy.
What do you say we go blow off some steam?

B Sure, what do you feel like doing?

A Let's hit the bar for some drinks!

#038 If anything, thank you. ☐☐☐

A Jake left me on read again!
I think he's just leading me on.

B Don't jump to conclusions.
You don't know that for sure.
Let me take a look at his texts.

(B reads A's texts with Jake.)

B I don't think he's leading you on.
If anything, I think he's just playing hard to get!

DAY 20

□ 1st **Read**　　□ 2nd **Listen & Repeat**　　□ 3rd **Shadowing**

#039 Where is this coming from?　□ □ □

(A and B are exes.)

A You up?

B What do you want?

A I was just thinking about you.

B-1 Where is this coming from?

B-2 Where are you going with this?

B-3 I see where you're going with this but just don't.

#040 Where are you going with this?　□ □ □

A Hey, remember the other day when you told me you wanted a boyfriend?

B Yeah, what about it?

A The thing is... I want a girlfriend, too.

B Where are you going with this, buddy?

A It's just... I've been meaning to ask you something.

B Don't do it.

DAY 21

☐ 1st **Read**   ☐ 2nd **Listen & Repeat**   ☐ 3rd **Shadowing**

#041 I'm fine either way. ☐ ☐ ☐

A Are we still on for tonight?

B Yeah, where do you want to meet?
Gangnam Station or Seoul National University of
Education Station?

A I'm fine either way.

B Okay, I'll just pick you up after work.

A Awesome. I seriously need a drink.

B Tell me about it. I need to blow off some steam.

#042 We meet every other day. ☐ ☐ ☐

A Midterms are going to be tough this time.

B Tell me about it. What do we do?

A What do you say we meet with Bobby every other
day and study together?

B I guess it's worth a shot. Let's give it a go.

A All right. I'll ask Bobby and get back to you.

DAY 22

□ 1st **Read**　　□ 2nd **Listen & Repeat**　　□ 3rd **Shadowing**

043 I believe in him. □ □ □

A　Something on your mind?

B　My boyfriend left me on read again.
This is the third time this week.

A　What was his excuse the last time?

B　He told me he had back-to-back meetings, but I don't believe him.

A　Don't jump to conclusions. Give him the benefit of the doubt.

#044 As of this moment □ □ □

A　As of this moment, I'm quitting smoking.

B　For the love of God... not this again.

A　This time, I'm for real. I'm quitting for good.

B　I'll probably get married faster than you quit smoking.

A　You wanna make it interesting?

DAY 23

☐ 1st **Read**   ☐ 2nd **Listen & Repeat**   ☐ 3rd **Shadowing**

#045 Just hear me out.   ☐☐☐

A   Babe, you went to bed around 10, right?

B   Yeah, I got a good night's sleep.

A   So... why did you leave a heart on this girl's post at 1 AM?

B   Uh... babe... just hear me out before you jump to conclusions.
    My phone's been acting weird for the last couple of days.

A   I wasn't born yesterday.

#046 Long story short   ☐☐☐

A   So what happened, man?
    How did it go with Mia yesterday?

B   Well, I told her how I felt.

A   And? What did she say?

B   She played a little hard to get at first, but I talked her into it. Long story short, we're dating!

A   Seriously? She said yes? How did you do that?
    Walk me through what you said.
    Word for word!

#047 What's with you?   ☐ ☐ ☐

A   Honey, what's with the cookies?

B   Oh, I was bored, so I tried baking for the first time!
Go ahead! Try some! They're chocolate chip!

A   You can never go wrong with chocolate chip!

(A takes a bite.)

What's with... this bitter taste?

B   I put some red ginseng in there. For you!

#048 I've thought this through.   ☐ ☐ ☐

A   Are you sure you want to quit your job?

B   Yeah, you only live once, right?
I'm gonna travel and maybe start my own company.

A   You never think things through.

B   You're one to talk. Besides, this wasn't a spur-of-
the-moment decision.

A   Well, you do you, and I'll do me. I'll always root
for you.

DAY 25

☐ 1st **Read**　　☐ 2nd **Listen & Repeat**　　☐ 3rd **Shadowing**

#049 I'm coming down with a cold.　☐☐☐

A　Hey, are we still on for dinner tonight?

B　I'm sorry. I think I'm coming down with something.

A　Ahh... that's a bummer. How about next Friday?

B　I'm gonna have to get back to you on that as well.
　　I still haven't gotten my next week's work schedule
　　yet.

#050 Are we still on for tonight?　☐☐☐

A　We're still on for dinner Thursday, right?

B　About that... I don't think I can make it.

A　What? Are you bailing on me again?

B　Just hear me out. I have a really important client
　　flying in from Singapore.

A　This sucks. We haven't had a date night in over
　　2 weeks.

B　I'll make it up to you. I swear.

DAY 26

1st **Read**   2nd **Listen & Repeat**   3rd **Shadowing**

#051 I can pull this off. □ □ □

A What are you wearing, bro?

B Neat, huh? I bought it the other day.

A It's way too flashy.
Who do you think you are, Wonbin?

B I think I pull it off.

A You do you, bro. Anyway, where's Ben?

B Beats me. I guess he's running late.

#052 I'll see what I can do. □ □ □

A Hey, the boss asked me to find him a nice seafood
restaurant for his anniversary dinner.
Do you know any?

B No, but you seem busy.
I'll look into it.

A You're a lifesaver!
By the way, there's something wrong with my
computer. Do you know how to fix it?

B I'll see what I can do.

DAY 27

053 This is by far the best day ever.　☐☐☐

A　Wait... So he buys you little gifts from time to time? No strings attached?

B　Yeah, he is hands down the nicest guy I know!

A　There's no way he's just nice. I have a gut feeling he has a crush on you!

B　Really? You really think so?

A　Duh! Try not to lead him on if you don't feel the same way.

#054 I can't tell you how happy I am.　☐☐☐

A　I didn't think this through. I think I screwed things up with Mia.

B　What happened?

A　I made a grand gesture... I forgot she hates drawing attention to herself.

B　I see. She must've been flustered.

A　But every time I see her, I just want to do things for her. I can't tell you how beautiful she is.

DAY 28

☐ 1st **Read**   ☐ 2nd **Listen & Repeat**   ☐ 3rd **Shadowing**

#055 Good thing I went. ☐☐☐

A   What's with your face?

B   I'm starving. I haven't had lunch yet.

A   Really? I actually have some cookies I baked at home. You want some?

B   Wow! Yeah, of course!

A   Good thing I brought some from home. Just a heads up. They're a bit bitter.

#056 I've been meaning to do it. ☐☐☐

A   You left me on read again yesterday!

B   Sorry. I've been meaning to get back to you. I've just been swamped.

A   I know you're busy, but check your phone from time to time.

B   Okay, I promise I won't leave you on read.

A   I'm gonna hold you to that.

DAY 29

☐ 1st **Read**　　☐ 2nd **Listen & Repeat**　　☐ 3rd **Shadowing**

057 Something on your mind? ☐☐☐

A Something on your mind?

B I've been studying my ass off for this test...
but what if I don't pass?

A Well, let's cross that bridge when we get to it.
All you can do right now is study hard and try your
best.

B You're right. Thank you.

A Besides, I'm sure you'll crush it!

#058 Read the room! ☐☐☐

(A and B are at a party, and A sees her ex-boyfriend.)

A Oh, my God. What is Chris doing here?

B Nelly must've invited him... but you don't have to
walk on eggshells around him.

C Hey! You guys made it! Where's Chris?
Are you guys gonna tie the knot anytime soon?

B Buddy, read the room.

DAY 30

☐ 1st **Read**　　☐ 2nd **Listen & Repeat**　　☐ 3rd **Shadowing**

#059 I haven't finished my work.

☐☐☐

A　Hey, something on your mind?

B　Yeah, I screwed up at work today.
I've been working here for over a year, and I'm still learning the ropes.

A　Oh, I've been there. Don't worry, buddy.
I believe in you.

B　Thanks.

A　I take it you still haven't had dinner yet?
Come on. Let's grab a bite. What do you say?

#060 He talked me into it.

☐☐☐

(High school reunion)

A　You made it! I thought you said you couldn't make it tonight.

B　Yeah, Dave talked me into coming.

A　Well, it's a good thing you came cuz we missed you!
You hungry?

B　Yeah, I haven't had dinner yet.

A　Well, grab something to eat. We're hitting the bar in an hour!

DAY 31

☐ 1st **Read**   ☐ 2nd **Listen & Repeat**   ☐ 3rd **Shadowing**

#061 I'm torn.   ☐ ☐ ☐

A   Something on your mind?

B   I just got a huge promotion.

A   What? Congratulations, man!

B   But if I take it, I have to move to England.

A   Ah... so you're torn between keeping your relationship and your career?

B   Yup. I told my boss I'll sleep on it.

#062 Don't half-ass it.   ☐ ☐ ☐

A   My English isn't improving.
    Maybe I should give up.

B   Duh! You've been half-assing it.
    You can improve if you really put your mind to it.

A   Really? You think so?

B   Why don't you try Real Life_Eng?
    You can't go wrong with it.
    I've been using it for 4 months and counting!

DAY 32

☐ 1st **Read**   ☐ 2nd **Listen & Repeat**   ☐ 3rd **Shadowing**

#063 I have back-to-back classes. ☐☐☐

A   Imma get going.
I have back to back tests tomorrow.
I gotta hit the books.

B   But wait. Are we still on for tomorrow night?

A   Yeah, as soon as I'm done with the tests, let's hit the bar. First, I gotta know all this by heart before the test!

B   I jotted down some notes during class if you need them.

#064 I'll drop you off. ☐☐☐

(A and B were on a blind date.)

A   Well, where do you live?
I'll drop you off.

B   No, it's quite all right. I live pretty far away.

A   I insist. Let me drop you off. No strings attached.

(at B's place)

B   It goes without saying that I had a great time tonight. Sleep tight. I'll text you tomorrow.

A   I'm gonna hold you to that.

DAY 33

☐ 1st **Read**　☐ 2nd **Listen & Repeat**　☐ 3rd **Shadowing**

#065 Here's the bottom line.　☐☐☐

A　So here's the bottom line.
I don't think I can make it to your birthday next week.

B　That's a bummer. You're really that busy with work?

A　Yeah... I'm still at the office even as we speak.

B　I've been there. You should take a break every so often.

A　Thanks, man, and I'm sorry.

#066 Can I give it a go?　☐☐☐

A　I'm sorry. I really screwed up.
I didn't think things through.

B　This isn't the first time you lied to me.
I don't believe you anymore.

A　Just give me another shot.
I won't let you down.

B　Sorry is not gonna cut it.

DAY 34

1st Read   2nd **Listen & Repeat**   3rd **Shadowing**

#067 For what it's worth

A   I broke up with my boyfriend yesterday.

B   I'm so sorry to hear that.
For what it's worth, I've always thought you were out of his league.
He lied to you and constantly left you on read.

A   Yeah, and apparently, he hit on his coworker.

B   What an ass. You deserve better.
Someone who loves you for who you are. Someone like me.

A   Where are you going with this?

#068 Don't take it out on me.

A   I'm sorry. I took things out on you the other day.

B   Don't worry about it. It's water under the bridge.

A   Thanks for being so understanding.
I have to get back to work, but what do you say we grab a drink tonight?

B   Sure thing. Imma hit the gym now, but I'll be done by 6.

DAY 35

#069 No strings attached.   ☐ ☐ ☐

(A and B are currently in a relationship.)

A   Babe! How did your meeting go?

B   It was awful. I screwed up in front of my boss.

A   I'm sorry to hear that.

B   But Dave took the blame for me!
He even offered to help me with the report after work tomorrow!

A   No strings attached? That SOB is hitting on you!

#070 I'll cross that bridge when I get there.   ☐ ☐ ☐

A   You ready for the Busan trip?

B   Yeah, I'm totally psyched!
I really need to blow off some steam.

A   3 days of the beach, good food, and drinks!

B   What if it rains though?
I have a gut feeling it's gonna rain.

A   Let's cross that bridge when we get there. okay?

DAY 36

☐ 1st **Read**   ☐ 2nd **Listen & Repeat**   ☐ 3rd **Shadowing**

#071 I'll walk you through everything. ☐☐☐

A Oh, my God. I completely screwed up.
I sent a text meant for Chris to Dave by mistake.

B He's gonna flip out.

A I know! I'm so screwed!

B Don't worry. Maybe there's something we can do.
Walk me through what happened.

#072 I worked my ass off. ☐☐☐

A I've been working my ass off on this test,
but I think I screwed it up.

B Don't jump to conclusions. I'm sure you killed it.

A What do I do if I don't pass?

B We'll cross that bridge when we get to it. In the
meantime, what do you say we go for a drink?

DAY 37

☐ 1st **Read**   ☐ 2nd **Listen & Repeat**   ☐ 3rd **Shadowing**

#073 I'm gonna hold you to that. ☐☐☐

A　We've been together for 3 years.
Babe, you ever think about getting married?

B　Of course. I can't tell you how happy you make me.
The thing is neither of us is financially ready.
But I promise I'm gonna marry you.
I have no doubt in my mind whatsoever.

A　I'm gonna hold you to that.

#074 Catch me up! ☐☐☐

A　Song? What a nice surprise!
How have you been?

B　Wow! It's been too long.
Listen, I'm actually in a hurry, but let's catch up sometime.

A　Sounds good. When are you free next week?

B　Can I get back to you on that? I need to check my schedule.

A　All right, don't be a stranger.

DAY 38

☐ 1st **Read**   ☐ 2nd **Listen & Repeat**   ☐ 3rd **Shadowing**

#075 Let me sleep on it. ☐ ☐ ☐

A What are you doing for the lunar new year?
You wanna go camping with me and Jenny?

B I was actually gonna spend some me time.

A If you don't wanna see your friends, so be it.

B You're one to talk! You didn't show up last Friday.

A I'm just saying just think about it!

B Tell you what. Let me sleep on it.

#076 It takes some getting used to. ☐ ☐ ☐

A Love your office!
How's your new job?

B It's been good so far, but it's gonna take some
getting used to.

A I'm sure you'll be crushing it in no time.
I believe in you. Anyway, do you validate parking?

DAY 39

☐ 1st **Read**   ☐ 2nd **Listen & Repeat**   ☐ 3rd **Shadowing**

#077 Can you validate my parking?   ☐☐☐

A   I'm torn. Do you like the red dress or the yellow dress?

B   I think you pull off the red one pretty well. Plus, you can't go wrong with off-shoulder.

A   Thanks. Let me just go pay for this.

B   Make sure you validate your parking, too!

#078 Suck it up!   ☐☐☐

A   This is too much work. I'm tired and hungry.

B   That makes two of us. Let's take five.

A   You wanna just go home?

B   Suck it up, man. Our grades are on the line here.

DAY 40

☐ 1st **Read**　　☐ 2nd **Listen & Repeat**　　☐ 3rd **Shadowing**

#079 You can do it if you put your mind to it.　☐☐☐

A　My promotion is on the line here.
　　I gotta go big or go home.

B　I'm sure you can do it if you put your mind to it.
　　I believe in you.

A　Thanks, buddy. I don't want to get my hopes up,
　　but I'll try my best.

#080 It's just a figure of speech.　☐☐☐

(B's English is only so-so.)

A　I absolutely killed it with my jokes on our first date!

B　Kill?

A　It's just a figure of speech. It means I crushed it.

B　Crush?

A　For the love of God, it means I did really well!

DAY 41

☐ 1st **Read**   ☐ 2nd **Listen & Repeat**   ☐ 3rd **Shadowing**

#081 Duh.   ☐ ☐ ☐

A It's so hot today.

B Duh, it's July.

A What's with you today?
   Why are you so snippy?

B I'm sorry. I guess I'm just hungry.

A It's okay. If anything, I should be sorry.
   I kept you waiting for so long.

#082 So be it.   ☐ ☐ ☐

A I know we're dating, but sometimes I need some me
   time. If this makes you not like me... so be it.

B If anything, it makes me like you even more.

A Really? I can't tell you how glad I am that you think
   that.

B Don't worry about it. I'll leave you to work!

DAY 42

☐ 1st **Read**   ☐ 2nd **Listen & Repeat**   ☐ 3rd **Shadowing**

#083 Shopping 101   ☐ ☐ ☐

A I'm torn. Which shirt do you think I should buy?

B Think about which one will match the clothes you have at home. That's shopping 101.

A Do you think I can pull this off though?

B Um...

A Fine, I can take a hint.

#084 Jot this down.   ☐ ☐ ☐

A Hey, I'm gonna hit the grocery store.
You need anything?

B Milk, eggs, parsley...
Aren't you gonna jot this down?

A I won't forget.

B As if.

DAY 43

☐ 1st **Read**   ☐ 2nd **Listen & Repeat**   ☐ 3rd **Shadowing**

#085 It doesn't ring a bell.   ☐☐☐

A   I love this song. I love BTS.

B   BTS?

A   Wait. You don't know who BTS is?

B   No, the name doesn't ring a bell.

A   I take it you don't watch the news or TV... or use the Internet? I can't tell you how awesome they are.

#086 Tell me about it!   ☐☐☐

(A and B are on the phone.)

A   I've been watching this new TV show with Hyun Bin.

B   Is Hyun Bin cute or what?

A   Tell me about it! He's too cute.
    I'm watching him on TV even as we speak.
    You can't go wrong with Hyun Bin.

DAY 44

☐ 1st **Read**   ☐ 2nd **Listen & Repeat**   ☐ 3rd **Shadowing**

#087 You can't go wrong with it. ☐☐☐

A Hey, let me run something by you.
     What did you get your girlfriend for her birthday?

B A necklace. Why?

A Song's birthday is coming up, and I don't know
     what to get her.

B Jewelry. You can't go wrong with jewelry.
     It's boyfriend 101, man. Trust me.
     She'll be over the moon.

#088 You're breaking up. ☐☐☐

A Hey, you up for a drink later?

B Sure, who's coming?

A Nelly and Garam.

B Nelly and who? You're breaking up, man.

A Oh, for the love of God, I'll just text you.

DAY 45

☐ 1st **Read**　☐ 2nd **Listen & Repeat**　☐ 3rd **Shadowing**

#089 My ride or die ☐☐☐

(A and B are friends, and they are drunk.)

A You know I love you, right?
You've always been my ride or die.
Friends till the end, you know?

B Of course, man. I'm sorry about earlier.
We need to catch up more often.
What do you say we go for round two?

#090 As we speak ☐☐☐

A I've been working my ass off on this project.

B You need to blow off some steam.

A Tell me about it. We also need to catch up soon.

B Why don't I just stop by your office for coffee?
When are you gonna go to work?

A I'm at the office even as we speak.
I spent the night at the office.
I still haven't gotten off work.

DAY 46

☐ 1st **Read** ☐ 2nd **Listen & Repeat** ☐ 3rd **Shadowing**

#091 Can I run something by you?

A Ma'am, do you have a second? I have an idea on our marketing strategy. Can I run it by you?

(B takes a look.)

B This looks good, but make sure you run it by the boss first.

A Do you know where he is?

B Beats me. But I have a gut feeling he's in the break room.

A Okay, I'll check to see if he's there.

#092 Don't lead me on.

A Do you see me as a friend and nothing more?

B Well...

A Why have you been so sweet to me?
If you don't feel that way about me, don't lead me on.

B Don't get bent out of shape.
Where is this coming from?

A Please. I wasn't born this morning.

DAY 47

☐ 1st **Read**　　☐ 2nd **Listen & Repeat**　　☐ 3rd **Shadowing**

#093 I jumped the gun.　　☐ ☐ ☐

A　Rachel left me on read, and she hasn't texted me in over 4 hours.

B　Do you know what she's doing?

A　She said she was gonna hit the hay, but...
her Instagram says she was online 10 minutes ago.
I think she's cheating on me.

B　That's a bummer, but I think you're jumping to conclusions.

#094 For the love of God　　☐ ☐ ☐

A　The thing is... um...

B　Oh, for the love of God! Just spit it out!

A　I kind of need to borrow some money.

B　No problem. How much?

A　Really? You're a lifesaver!

B　You're my ride or die, right?

DAY 48

#095 Every so often, I meet friends.   ☐☐☐

A   This place is great!
    How good was that pizza?

B   Tell me about it!
    It was hands down the best pizza I've had in a while.

A   Anyway, thanks for dinner, buddy.

B   You are gonna pay from time to time, right?

A   As soon as I get a job!

#096 Let's wing it.   ☐☐☐

A   How was your interview?

B   They didn't ask me any of the questions I thought
    they would. I had to wing it.

A   That's a bummer.

B   But I absolutely killed it in there!
    They loved me! I got the job!

A   Wow! You must be over the moon!

DAY 49

#097　Sorry is not gonna cut it.　☐ ☐ ☐

A　I'm sorry for... lying and going drinking with my friends.

B　It's okay. It's water under the bridge.

A　I take it you're still mad?

B　Duh! Sorry is not gonna cut it this time.

A　What can I do to make it up to you?

#098　Significant other　☐ ☐ ☐

A　Who did you invite to the party this Friday?

B　Dave, Chris, Ben, Aileen, and Katherine.

A　I heard Aileen recently started seeing someone. Should we invite her boyfriend to the party, too?

B　Significant other. You shouldn't just assume. It's etiquette 101.

A　Right. It's 2021 after all. I didn't think it through.

DAY 50

1st **Read**   2nd **Listen & Repeat**   3rd **Shadowing**

#099 You're one to talk.

A I wasn't born this morning.

B I'm telling you the truth!

A I don't believe you.
   This isn't the first time you've lied to me.

B You're one to talk.
   I'm still waiting for your apology for last week.

A Don't hold your breath.

#100 It's water under the bridge.

A I'm sorry about earlier.

B Don't worry about it. It's water under the bridge.

A No, hear me out. I shouldn't have jumped to conclusions like that. It won't happen again.

B To be fair, it did seem like I had lied.

A I still should've believed you. I'm sorry.

DAY 51

#101　I'm rooting for you.　☐☐☐

A　I'm not gonna half ass this.
　　My promotion is on the line here.

B　I'm sure you're gonna crush it.

A　I'm gonna work my ass off for this promotion!

B　I'm rooting for you!

A　Thanks for always believing in me.

B　Don't mention it!

#102　Speaking of which　☐☐☐

(A and B are talking about work.)

A　By the way, you wanna grab lunch?
　　I'm hungry.

B　Sounds good. You wanna try that new burger
　　place?

A　Yeah, I'll call Nelly.

B　Speaking of Nelly, I heard she's seeing someone!

A　Really? Good for her!

DAY 52

☐ 1st **Read**　　☐ 2nd **Listen & Repeat**　　☐ 3rd **Shadowing**

#103　Are you hitting on me?　☐ ☐ ☐

A　I see it's true that birds of a feather flock together.

B　Excuse me?

A　I'm just saying you are both very beautiful.

B　Are you hitting on us?

A　I'm here with a friend of mine.
　　What do you say we buy you a drink?

B　We're both married. Sorry.

#104　I just dropped by to say hello.　☐ ☐ ☐

A　Sorry for dropping by like this.
　　I was in the neighborhood.

B　That's okay. I was just getting off work anyway.
　　What do you say we grab a drink?

A　Sounds good. Let's swing by 7-Eleven first.
　　Oh, and doesn't what's her name work around here, too?

B　Lisa? Yeah. Should we give her a call?

A　Yeah, the more, the merrier.

DAY 53

☐ 1st **Read**   ☐ 2nd **Listen & Repeat**   ☐ 3rd **Shadowing**

#105 1 year and counting   ☐☐☐

A I've always rooted for you to get together.
I can't believe you're getting married!
How long have you guys been together?

B 6 wonderful years and counting.
Speaking of the wedding... we wanted to ask you
if you would like to officiate it.

A It'd be my honor! I'm psyched!

B Awesome! Thank you so much.

#106 I'm over the moon.   ☐☐☐

A Gloria was over the moon to hear that you're
coming back to Korea.

B Yeah, it's been too long. Speaking of Gloria,
you know I had a crush on her in high school?

A She's still gorgeous, you know.

B Where are you going with this?

A I'm just saying, we should all catch up.

DAY 54

1st **Read** 2nd **Listen & Repeat** 3rd **Shadowing**

#107 She's bent out of shape. ☐☐☐

A What's with Song today?

B She's bent out of shape because I forgot to call her last night.

A Lover's quarrel?

B It's okay. I'll just get her that whatchamacallit later.

A Oh, yeah, I've been meaning to ask you.
What is that thing you get her all the time when she's upset?

B Flowers and a handwritten letter!

#108 You wanna make it interesting? ☐☐☐

A I have a gut feeling Korea is going to beat Germany.

B You know I'm rooting for Korea... but realistically, Germany is too strong.

A You wanna make it interesting?
I bet 10,000 won that Korea is going to win.

(After the match)

B Korea won after all.

A Ha-ha, pay up!

DAY 55

#109 I wasn't born this morning. ☐☐☐

A   So... you're gonna help me. No strings attached?
Something doesn't add up.

B   I'm serious. I want to invest in your business.

A   I wasn't born this morning.
This is a scam.

B   All right, why don't you sleep on it and get back
to me?

A   I need to run it by my partner, too.

#110 I know the number
by heart. ☐☐☐

A   Oh, I love this song! I still know the lyrics by heart.

B   That makes two of us, ha-ha.

A   We used to crush it at the karaoke bar, Remember?

B   Yeah, this song is an oldie but a goodie.

A   Don't you miss high school sometimes?

B   Yeah, sometimes... but I'm happy now, too.

DAY 56

☐ 1st **Read**　　☐ 2nd **Listen & Repeat**　　☐ 3rd **Shadowing**

#111　That makes two of us.　☐☐☐

A　I've been studying English for over a year, but I'm not improving much.

B　That makes two of us.

C　Hey, you guys should try Real Life_Eng. You can't go wrong with it.

A　Real Life_Eng? The name kind of rings a bell.

B　Yeah, I think I've heard of it, too.

C　You've probably seen it on Instagram!

#112　I'm gonna give him a piece of my mind.　☐☐☐

A　Your boyfriend did what? Where is he? I'm gonna give him a piece of my mind.

B　Forget it. He apologized for ghosting me.

A　What are you gonna do if he does it again?

B　We'll cross that bridge when we get to it.

A　You're too nice. I would've been furious.

B　I will be too if this happens again.

DAY 57

☐ 1st **Read**   ☐ 2nd **Listen & Repeat**   ☐ 3rd **Shadowing**

#113 Give me some sugar.   ☐ ☐ ☐

A I've missed you so much!
   Give me some sugar!

B Here? People are watching.

A What people? All I see is you!

B Stop it. You're making me blush!

A I'm never leaving your side ever again!

B I'm gonna hold you to that.

A By the way, what do you want for lunch?

#114 Something doesn't add up. ☐ ☐ ☐

A He said he wasn't at the scene of the crime...
   but we have a witness that places him there.
   Something doesn't add up.

B Speaking of that, did you check his alibi?

A Yeah, it checks out.

B Hey, show me the notes you jotted down during his
   interrogation.

A Here you go.

DAY 58

☐ 1st **Read**　☐ 2nd **Listen & Repeat**　☐ 3rd **Shadowing**

#115 Go big or go home.　☐ ☐ ☐

A　I'm throwing a big surprise party for Ben tonight.
　　I rented out a restaurant and invited 100 people.

B　Wow! It must've cost you a fortune!

A　It did, but go big or go home, right?
　　So can you make it tonight?

B　Yeah, I think so. I just need to swing by my office
　　first.

#116 Don't hold your breath.　☐ ☐ ☐

A　Sigh... Ben left me on read again.

B　I told you he's never gonna change.
　　I wouldn't hold my breath.

A　I'm gonna go give him a piece of my mind.

B　Yes! Tell him how much he screwed up!

A　Or maybe I should leave him on read, too.

B　Yeah, give him a taste of his own medicine!

DAY 59

☐ 1st **Read**   ☐ 2nd **Listen & Repeat**   ☐ 3rd **Shadowing**

#117 Everything is on the line.   ☐ ☐ ☐

A   The future of our company is on the line.
We have to pull this off.

B   Don't worry. We've been working our asses off.

A   Yeah, we did everything we could.

B   All we can do now is hope for the best.

A   If we fail, so be it. But let's give it our best!

#118 Don't put on a brave face.   ☐ ☐ ☐

A   What's with you today?
Something on your mind?

B   I think I'm just coming down with a cold.

A   You don't have to put on a brave face for me.

B   The thing is, I broke up with my Alex yesterday.

DAY 60

1st **Read**　　2nd **Listen & Repeat**　　3rd **Shadowing**

#119 It was a spur-of-the-moment thing.

(A went out drinking with his friends until late last night without telling B.)

A Don't get bent out of shape.
I didn't mean not to tell you.
It was a spur-of-the-moment thing.

B Are you sure you didn't just think I wouldn't find out?

A No, I just didn't want to wake you up.
Come here. Give me some sugar.

B Liar! I wasn't born this morning.

#120 Birds of a feather flock together.

A You two are meant for each other.
You two have so much in common!

B You know what they say!
Birds of a feather flock together.

A Hey, can I run something by you guys?
I met this girl last week. Long story short,
I wanna tell her how I feel, but I don't know how.

B Go big or go home!

A You're right! I will call her right now.